UTAH - ARIZ.

Port Of
Entry
NEXT RIGHT

The heat is on. Die Sonne ist eine Sie. Die Hitze auch. Glühend bereitet sie sich auf die Nacht vor. Sie ist in Kalifornien verliebt und zeigt es täglich. Doch sie hat es schwer. Sie muß Dreck, Schwefel, Abgase und Vorurteile überwinden. Die Sonne »macht« Kalifornien. Ihr Schein macht es. Die Sonne hält den Traum Kalifornien am Leben. Ohne Sonne wäre es ein Land von 411 012 Quadratkilometern, vielleicht sogar ein grünes Land ohne Chemie und künstliche Bewässerung, aber sicher würden keine Jumbos fliegen, die an ihr Leitwerk in Regenbogenfarben »California here I come« geschrieben haben. Es gäbe sicher nicht einmal die Filmindustrie. Die Sonne nährt die Seifenblase Illusion. Der Hauch, der warme Luft zur Realität macht und wieder zu Luft werden läßt, ist nicht sichtbar. Beispiel dafür ist das »Hotel California«. Nur eine Legende, eine Fata Morgana und ein Schlager der »Eagles« haben das Hotel an der Ecke Sunset Boulevard und Vine Street gebaut. Es gibt Ansichtskarten davon, Touristen stehen an der Kreuzung vor schwarzen Bankhochburgen und bedauern, daß das schöne Hotel diesem häßlichen Riesen hat weichen müssen. Das »Hotel California« hat es nie gegeben.
Axel Arens

© ELEFANTEN PRESS Verlag GmbH, Berlin (West) 1990

Redaktionsassistenz: Waltraud Schwab
Layout: Jürgen Holtfreter
Umschlagabbildungen: Till Bartels
Satz: Großhaus, Schmidt & Partner GbR, Berlin
Lithographie: Fa. Spönemann, Berlin
Druck: Plambeck & Co., Neuss

EP 327

ISBN 3-88520-327-8
Printed in the Federal Republic of Germany

ELEFANTEN PRESS
Oranienstr. 25, 1000 Berlin 36

Wir danken den folgenden Verlagen und Rechtsinhabern für die
freundliche Abdruckgenehmigung:

Dem FAZ-Magazin für: Axel Arens, »Immer der Sonne entgegen«; dem
Verlag Schirmer und Mosel für einen Auszug aus: T.C. Luhan, »Bilder für
den Weißen Mann«; dem Maro Verlag für den Text »Die Eisdiele« von
Michaele Schulte; der Agentur Mohrbooks, Zürich, für den Text von
D.H. Lawrence aus: »Mexikanischer Morgen«; dem Rowohlt Verlag für
eine Passage aus Henry Millers »Der klimatisierte Alptraum« und für das
Gedicht »L.A.« von John Updike aus seinem Buch »Gedichte«; dem
Diana Verlag, Wesseling bei München, für John Steinbecks Text aus:
»Eine Reise mit Charly«; dem Hanser Verlag, München, für Umberto
Ecos Beitrag aus »Über Gott und die Welt«, Essays und Glossen, aus dem
Italienischen von Burghart Kroeber; dem Insel Verlag, Frankfurt/M., für
Mark Twains Text »Durch Dick und Dünn«; dem S. Fischer Verlag,
Frankfurt/M., für »Die Entdeckung Eldorados« von Stefan Zweig aus
dem Buch »Sternstunden der Menschheit. Zwölf historische Miniaturen«,
Copyright renewed 1971 by Atrium Verlag, London; dem Verlag Zweitau-
sendeins für Charles Bukowskis »Dichterlesung« aus »Western Avenue«;
dem Büro von Erica Jong für die Möglichkeit, das Gedicht »House
Hunting« abdrucken zu dürfen. Das Copyright für »House Hunting« liegt
bei: © Erica Mann Jong, 1979.
   Der eigens für dieses Buch geschriebene Artikel von Bruce Barthol
»Kunst und Anarchie am Rande des Abgrunds« wurde von Gerd Burger
übersetzt. Der Beitrag von John Muir über das Yosemite Valley haben wir
dem Buch »The Writing of John Muir V.II«, The Houghton and Miffin
Co., Boston und New York, 1917, entnommen; er wurde von Matthias
Schossig ins Deutsche übertragen. Der Beitrag von Alfred Kerr »Die
Mormonenstadt – Salt Lake City« wurde dem Buch: Alfred Kerr,
»Yankee-Land«, Rudolf Mosse Verlag, Berlin 1925, entnommen.

Bildquellennachweis

Till Bartels: 1, 2/3, 5, 7, 8, 9, 12/13, 15, 19, 20, 21 r., 21
   l., 23, 24, 25, 26/27, 28, 31, 32/33, 36/37, 39 u., 42/43,
   50/51, 59, 60/61, 61 r., 62 o., 62 u., 63 o., 63 u., 64, 66,
   67, 68 o., 68 u., 68/69, 71, 72/73, 74, 77 o., 78/79, 80,
   88/89, 92 o., 92 u., 98 u., 99, 100, 103, 104, 106, 107,
   109, 111, 112 l., 112 r., 113 l., 113 r., 115, 118/119, 124,
   126/127, 127 o.
Charles Bigelow: 56 o.
Michael Bry: 29, 34/35, 47, 48, 49, 56 u., 125
David J. Cross: 84, 86, 87
Edward S. Curtis: 95, 97, 98 o.
Arnold Genthe: 46
Gilham Advertising Agency: 123
Marian Goldman: 53
Sibylla Herbrich: 11, 117
Hewlett-Packard Company: 35 o., 41
William E. Kopplin: 94
Doug Magee: 83 r.
Robert Mondavi Winery: 102
Larry Prey: 81
Las Vegas News Bureau: 82, 83 l.
A.C.R. Sauvage Photograph: 121 o.
Ursula Stöppler: 52
Cristina Taccone: 54/55

CIP-Kurztitelaufnahme der Deutschen Bibliothek

USA / Till Bartels (Hrsg). – Berlin : Elefanten Press.
NE: Bartels, Till [Hrsg.]
2. Go west : Kalifornien und der Südwesten. – 1990
   (EP ; 327 : LänderBilderLeseBuch)
   ISBN 3-88520-327-8
NE: GT

Till Bartels (Hrsg.)   USA II

GO WEST

KALIFORNIEN
und der Südwesten

ELEFANTEN PRESS

Inhaltsverzeichnis

Till Bartels

Let's go West

Einleitungsessay

Sprechen wir über Amerika, so meinen wir eigentlich die USA und verbinden damit Eindrücke, die aus Kalifornien und dem Südwesten der Vereinigten Staaten stammen. Wir kennen die Cable Cars und die Golden Gate Bridge, die tiefe Schlucht des Colorado am Grand Canyon, die Cowboys hoch zu Roß und die sechsspurigen Freeways in Los Angeles. Hier ist die Heimat von Hollywood, Mickey Mouse und Levi Strauss; hier finden wir den Traum von einem besseren Leben, vom »easy going« auf der ewigen Sonnenseite des amerikanischen Kontinents. Unter dem angeblich immer strahlend blauen Himmel tummeln sich die wellenreitenden Beach Boys und viele andere kalifornische Klischees, die nicht nur mit dem Surf-Sound assoziiert werden. Eine bestens funktionierende Film-, TV- und Musikindustrie sorgt seit Jahrzehnten dafür, daß das »good vibrations«-Fieber in den leuchtendsten Farben der Werbesprache bis in den letzten Winkel der Erde exportiert wird.

California here we come

Im Rausch nach Gold, Geld und Glücklichsein wurde diese Region innerhalb der letzten 150 Jahre erobert. Seitdem hält die magische Anziehungskraft an. Über 100 Millionen Amerikaner besuchen pro Jahr Kalifornien – mehr als jeden anderen Bundesstaat. Wie ein Magnet wirkt der »Golden State« nicht nur auf Touristen, sondern auch auf Immigranten aus allen Teilen der Welt. Zwei Drittel der 27 Millionen Kalifornier – und des damit bevölkerungsreichsten Bundesstaates in den USA – wurden jenseits der kalifornischen Grenze geboren und über 15 Prozent außerhalb der Vereinigten Staaten.

Wer nach Kalifornien umzieht, kann sich wie eine Schlange häuten und die eigene Vergangenheit abstreifen. Dieser andere Umgang mit der eigenen Geschichte ist das, was viele als Befreiung empfinden und Veränderrungen möglich macht. Die historische Ostküste und ihre puritanischen Wertvorstellungen sind in weite Ferne gerückt. Der Ferne Osten liegt viel näher; Asien ist praktisch auf der anderen Seite des Stillen Ozeans. Der transpazifische Verkehr und Austausch nimmt ständig zu. Man ist offen für Asiatisches, von der Küche über Toyota bis zum Zen-Buddhismus. Die insulare Welt der Südsee liegt vor der Haustür, ein ideales Urlaubsparadies für Individualisten und andere. Was für uns ein Trip nach Mallorca bedeutet, ist für die Kalifornier das verlängerte Wochenende auf Hawaii.

Europa hingegen, die alte Welt, wird auf Distanz gehalten. Man hat sich seine eigenen Vorstellungen von diesem im Nebel der Geschichte verschwindenden Kontinent gemacht. Das Märchenschloß von Disneyland, die Schaulust im Hearst Castle und die Sammelwut Paul Gettys mit seinem Museum in Malibu sind in Architektur geformte Traumvorstellungen von Europa. Hier klaffen Phantasie und Realität so auseinander, daß eine ganz neue Kategorie entsteht: der keinesfalls zu unterschätzende kalifornische Ultra-Kitsch.

In Kalifornien selbst herrscht ein ständiges Kommen und Gehen. Die Nachbarn wechseln häufig, denn Bewegung ist das Markenzeichen dieses Bundesstaates. Schon immer ist der Westen eine Region gewesen, wo die Menschen nur auf der Durchreise sind. Neben lukrativen Jobs sind sie vor allem auf der Suche nach sich selbst. Die vielen kurzlebigen Weisheiten des Zeitgeistes, die tiefgreifenden Erneuerungsbewegungen und die Megatrends der Massenkultur, die immer wieder von hier ausgingen, sind Beweis genug. Kalifornien setzt die Trends, ob nun für Flower Power und Studentenrevolte oder für Aerobic-Clubs, Health-Food-Läden und militante Nichtraucherkampagnen.

Kalifornien ist Nährboden für vieles und sowieso der »Garten Eden«, ein wahrlich gesegnetes Land. Das Central Valley wurde durch künstliche Bewässerung eine sehr fruchtbare Region, wo sechzig Prozent der amerikanischen Früchte und Gemüse geerntet werden. Im Gegensatz zum Nordosten der Vereinigten Staaten, blüht in diesem Staat auch die Wirtschaft; die Amtszeit Reagans bescherte acht fette Jahre. Längst wird das Gold nicht mehr mit der Pfanne aus den Bächen der High Sierra gewaschen, der jüngste Geldrausch, der Kalifornien vergoldete, funktionierte per Computer, Lobbying und Telefax. Als in den achtziger Jahren Politiker aus Kalifornien in Washington D. C. residierten, flossen die Geldströme verstärkt zu den Flugzeug- und Rüstungskonzernen an der Westküste. Schätzungen besagen, daß

durch das »Starwar«-Programm des Pentagon seit 1983 vier Milliarden Dollar an Forschungs- und Entwicklungsgeldern an kalifornische Elite-Universitäten und die High-Tech-Industrie gingen.

Das kontinuierliche Wirtschaftswachstum sorgt dafür, daß die Menschen und Automobile sich in den wenigen Ballungszentren drängen – und mit ihnen Probleme wie Kriminalität und Umweltzerstörung. In einem Boom stecken nicht nur die Metropolen Los Angeles und San Francisco, sondern auch einst so verschlafene Orte wie San José im Silicon Valley, die Hafenstadt San Diego nahe der mexikanischen Grenze und Phoenix in Arizona. Wie der Vogel aus der Asche, schießt diese Stadt aus dem roten Wüstenstaub in die Höhe und Breite und in die Weite der Hochebene hinein. Jene Landschaften von Arizona und New Mexico, von Utah und Nevada sind es, die mit ihren Naturwundern und riesigen Entfernungen auf unsere europäischen Augen so ungewohnt und gleichzeitig faszinierend wirken. Hier kann man den Horizont noch sehen.

»In den Vereinigten Staaten gibt es mehr Raum, wo niemand ist, als solchen, wo jemand ist. Das ist es, was Amerika zu dem macht, was es ist«, schrieb die Schriftstellerin Gertrude Stein. Das trifft besonders auf die Wüsten des Westens, auf das White Sands, Organ Pipe Cactus und Anza Borrego National Monument zu, allesamt einsame Landschaften voller Gegensätze. Die Mojave Wüste ist das trockenste Gebiet der USA mit einer für den weißen Mann lebensfeindlichen Umwelt, die für ihn nur als »Air Force Base« mit einer Landepiste für Weltraumgleiter zu benutzen ist. Im Death Valley befindet sich der mit 86 Metern unter dem Meeresspiegel tiefste Punkt der westlichen Hemisphäre. Und in nur geringer Entfernung steigt die Sierra Nevada mit ihrer höchsten Erhebung, dem schneebedeckten 4418 Meter hohen Mt. Whitney empor. Dieses Gebirge mit dem bekannten Yosemite Valley liegt tagsüber in einem magnesiumweißen Licht. Ein Traumziel für Fotografen, Skifahrer, Drachenflieger, Wanderer und Bergsteiger aus allen Himmelsrichtungen.

Keine drei Autostunden entfernt brechen sich die Wellen des Pazifischen Ozeans an der kalifornischen Küste. Besonders eindrucksvoll ist das Naturschauspiel zwischen Monterey und San Luis Obispo, wo sich der legendäre Highway One an der Küste entlangwindet. Weiter im Süden in der Nähe von Los Angeles werden die steilen Kliffs zu flachen Sandstränden, die zur Spielwiese der Körperbewußten werden; »Muscle Beach« heißt dieses Territorium im Volksmund. Besonders am

Wochenende zeigt sich in Venice Beach, wer fit und junggeblieben ist; nur die Optimalgewichtigen mit durchtrainierten Muskeln und ohne ein Gramm Fettansatz betreten die Arena des Körperkultes von Santa Monica. Die Surfer ziehen Hunington Beach vor, paddeln auf ihren Brettern nach draußen aufs Meer, um ihre Woge zu erwischen, auf deren Kamm sie zurück Richtung Strand reiten. Das ist »Southern California«, worüber die Leute im Norden nur ein Lächeln übrig haben.

Dicht an der Grenze zu Oregon liegt ein unbekanntes Kalifornien, das noch nicht bis zur Unkenntlichkeit zersiedelt wurde. Es ist die »lost coast«, in deren Hinterland die Redwoods liegen. Diese Wälder mit Jahrtausende alten Riesenbäumen bilden eine Urlandschaft, die mit nichts zu vergleichen ist. Sie sind der Rest eines natürlichen Reiches, das sich noch vor wenigen Generationen über weite Teile Kaliforniens erstreckte.

This is Indian Land

Die Spuren einer Welt, in der der Mensch im Gleichgewicht mit der natürlichen Umgebung lebte, sind heute im Südwesten der USA besser erhalten als anderswo. Hier kann man erfahren, daß der nordamerikanische Kontinent bis zur Ankunft des Europäers einmal indianisches Land gewesen ist. Die Orte Taos und Santa Fé in New Mexico wurden schon in der ersten Hälfte dieses Jahrhunderts zu offiziellen Geheimtips, wo seitdem das indianische Erbe wiederentdeckt und in den verschiedensten Formen gepflegt wird. Letztere reichen vom eingefahrenen Indianertourismus mit seiner Verklärung von außen bis hin zur Renaissance der alten Spiritualität und neuem indianischen Selbstbewußtsein.

Im Bundesstaat Arizona, dessen Fläche größer als die der Bundesrepublik ist, gibt es 92 verschiedene Ethnien. Hier sind die letzten Reservate der verdrängten Indianer, unter anderem das der Hopi. Auf den abgelegenen Hochebenen, den drei Mesas, liegen die terrassenförmig angelegten Dörfer dieser amerikanischen Ureinwohner. Weite Teile ihres Reservates sind für Fremde tabu.

Die berühmte Naturschönheit des Monument Valleys, das bereits nach Utah hineinreicht, ist trügerisch. Hinter dieser vielbenutzten Western-Filmkulisse schwelt ein Konflikt zwischen den Resten der indianischen Wertvorstellungen und den Interessen der Großindustrie. Im Gebiet der Black Mesa sind die Navajo-Indianer zuhause, denen wie auch den Hopi dieser Berg heilig ist. Die 15 heiligen Kultplätze waren in dem trockenen Wüstengebiet meist Quellen, die durch das jahrelange Abpumpen von vier bis fünf Millionen Gallonen

Wasser am Tag durch die Peabody Coal Company entweiht und damit zerstört worden sind. Das Wasser wird nicht zur Bewässerung benutzt, sondern um Kohle aus dem Tagebau in ein 275 Meilen entferntes Kraftwerk zu schwemmen. Die gefräßigen riesigen Bagger nagen inzwischen auch am Großen Berg. »Das ist, als ob man den Petersdom in Rom abtragen würde, nur um Marmor zu gewinnen«, sagt ein Navajo.

Mit der Ausbeutung der Bodenschätze sind Zwangsumsiedlungen von 10000 Indianern verbunden. Diese immer wieder von der Regierung praktizierte Maßnahme wird jetzt mit dem Versuch begründet, Landstreitigkeiten zwischen den Indianerstämmen schlichten zu wollen. Doch die umfangreichen Wasser-, Kohle- und Uranvorkommen am Colorado Plateau, das auf dem Reservat liegt, sprechen eine deutliche Sprache. Der Widerstand der Indianer ist erbittert.

Naturgewalten

Die Metropolen Kaliforniens holen sich ihre elektrische Energie zum Teil aus dem Hinterland – der Dreck bleibt in diesem Falle bei den Indianern. Ebenso zapfen die Bewässerungsanlagen der Golfplätze, der gepflegten Rasenflächen in Beverly Hills und besonders die Landwirtschaft die Flüsse und Seen der Nachbarstaaten an. Beispiele für den Raubbau und die Ver-wüstung gibt es genug.

Die Natur kann jedoch nicht nur gewaltig, sondern gerade im Westen des Westens besonders gewalttätig werden. Dort, wo sich entlang des St. Andreas Grabens die pazifische Festlandscholle an der atlantischen reibt, bebt des öfteren die Erde. Seit der großen Erdbebenkatastrophe im Jahre 1906 sind San Francisco und Erdbeben fast Synonyme geworden. Die Bewohner dieser Stadt leben freiwillig mit dieser unterschwelligen Bedrohung. Daß bei dem letzten »Q-Day«, dem Erdbeben am 17. Oktober 1989, trotz einer Stärke von 7.1 auf der Richterskala nicht noch mehr Opfer in San Francisco zu beklagen sind, zeigt, daß die strengen Bauvorschriften insbesondere für die Hochhäuser richtig waren; der befürchtete Glashagel berstender Fensterscheiben blieb aus. An jenem Tag schwankte der Boden nicht wie 1906 um fünf Uhr in der Frühe, sondern um fünf Uhr nachmittags – passend zur Cocktailzeit, um die Jahrestage besser feiern zu können, wie gleich gewitzelt wurde. Und wer einmal das Glück im Unglück hatte, in der »city« während eines Erdbebens dabei gewesen zu sein, die Geistesgegenwart der Bewohner, ihre spontane Hilfe und ihren Humor erlebt hat, der kann das Plakat verstehen, das kurz darauf aus vielen Häusern gehängt wurde: »San Francisco survived the big one. We love you«.

Das Feuer nach dem Erdbeben am 17. Oktober 1989 in San Francisco

Henry Miller

Die größte Schlucht der Erde

Am Grand Canyon

Kommt man zu dem Grand Canyon, dann ist es, als breche die Natur in ein demütiges Bitten aus. Im Durchschnitt sind es nur zehn bis achtzehn Meilen vom einen Rand des Canyon zum anderen, aber man braucht dafür zu Fuß oder zu Pferd zwei Tage. Vier Tage braucht die Post, um von der einen Seite zu der andern befördert zu werden – eine phantastische Reise, bei der die Briefe durch vier Staaten kommen. Tiere und Vögel überqueren nur selten den Abgrund. Bäume und Vegetation unterscheiden sich von einem Plateau zum anderen. Geht man vom höchsten Punkt bis zur Sohle, dann erlebt man praktisch alle Klimazonen, die auf diesem Erdball bekannt sind, mit Ausnahme der arktischen und antarktischen Extreme. Die beiden Felsformationen sind, so behaupten die Wissenschaftler, mit einem Abstand von 5 000 000 000 Jahren entstanden. Es ist wahnsinnig, vollkommen wahnsinnig, und doch gleichzeitig so grandios, so erhaben, so unwirklich, daß man, wenn man es zum erstenmal erlebt, zusammenbricht und vor Freude weint. Mir jedenfalls ging es so. Seit über dreißig Jahren brannte ich darauf, dieses riesige Loch in der Erde zu sehen. Wie Phaestos, Mykene und Epidauros ist es einer der wenigen Orte auf dieser Erde, die nicht nur alle Erwartungen erfüllen, sondern sie übertreffen.

Stefan Zweig

Die Entdeckung Eldorados

J. A. Suter, Kalifornien, Januar 1848

Der Europamüde

1834. Ein Amerikadampfer steuert von Le Havre nach New York. Mitten unter den Desperados, einer unter Hunderten, Johann August Suter, heimisch zu Rynenberg bei Basel, 31 Jahre alt und höchst eilig, das Weltmeer zwischen sich und den europäischen Gerichten zu haben, Bankrotteur, Dieb, Wechselfälscher, hat er seine Frau und drei Kinder einfach im Stich gelassen, in Paris sich mit einem betrügerischen Ausweis etwas Geld verschafft und ist nun auf der Suche nach neuer Existenz. Am 7. Juli landet er in New York und treibt dort zwei Jahre lang alle möglichen und unmöglichen Geschäfte, wird Packer, Drogist, Zahnarzt, Arzneiverkäufer, Tavernenhälter. Schließlich, einigermaßen gesettlet, siedelt er sich in einem Wirtshaus an, verkauft es wieder und zieht, dem magischen Zug der Zeit folgend, nach Missouri. Dort wird er Landmann, schafft sich in kurzer Zeit ein kleines Eigentum und könnte ruhig leben. Aber immer hasten Menschen an seinem Hause vorbei, Pelzhändler, Jäger, Abenteurer und Soldaten, sie kommen vom Westen, sie ziehen nach Westen, und dieses Wort Westen bekommt allmählich einen magischen Klang. Zuerst, so weiß man, sind Steppen, Steppen mit ungeheuren Büffelherden, tageweit, wochenweit menschenleer, nur durchjagt von den Rothäuten, dann kommen Gebirge, hoch, unerstiegen, dann endlich jenes andere Land, von dem niemand Genaues weiß und dessen sagenhafter Reichtum gerühmt wird, Kalifornien, das noch unerforschte. Ein Land, wo Milch und Honig fließt, frei jedem, der es nehmen will – nur weit, unendlich weit und lebensgefährlich zu erreichen.

Aber Johann August Suter hat Abenteurerblut, ihn lockt es nicht, stillzusitzen und seinen guten Grund zu bebauen. Eines Tages, im Jahre 1837, verkauft er sein Hab und Gut, rüstet eine Expedition mit Wagen und Pferden und Büffelherden aus und zieht vom Fort Independence ins Unbekannte.

Der Marsch nach Kalifornien

1838. Zwei Offiziere, fünf Missionare, drei Frauen ziehen aus in Büffelwagen ins unendliche Leere. Durch Steppen und Steppen, schließlich über die Berge, dem Pazifischen Ozean entgegen. Drei Monate lang reisen sie, um Ende Oktober in Fort Van Couver anzukommen. Die beiden Offiziere haben Suter schon vorher verlassen, die Missionare gehen nicht weiter, die drei Frauen sind unterwegs an den Entbehrungen gestorben.

Suter ist allein. Vergebens sucht man ihn zurückzuhalten in Van Couver, bietet ihm eine Stellung an – er lehnt alles ab, die Lockung des magischen Namens sitzt ihm im Blut. Mit einem erbärmlichen Segler durchkreuzt er den Pazifik zuerst zu den Sandwich-Inseln und landet, nach unendlichen Schwierigkeiten an den Küsten von Alaska vorbei, an einem verlassenen Platz namens San Franzisko. San Franzisko – nicht die Stadt von heute, nach dem Erdbeben mit verdoppeltem Wachstum zu Millionenzahlen emporgeschossen – nein, nur ein elendes Fischerdorf, so nach der Mission der Franziskaner genannt, nicht einmal Hauptstadt jener unbekannten mexikanischen Provinz Kalifornien, die verwahrlost, ohne Zucht und Blüte, in der üppigsten Zone des neuen Kontinents brachliegt.

Spanische Unordnung, gesteigert durch Abwesenheit jeder Autorität, Revolten, Mangel an Arbeitstieren und Menschen, Mangel an zupackender Energie. Suter mietet ein Pferd, treibt es hinab in das fruchtbare Tal des Sakramento: Ein Tag genügt, um ihm zu zeigen, daß hier nicht nur Platz ist für eine Farm, für ein großes Gut, sondern Raum für ein Königreich. Am nächsten Tag reitet er nach Monte Rey, in die klägliche Hauptstadt, stellt sich dem Gouverneur Alverado vor, erklärt ihm seine Absicht, das Land urbar zu machen. Er hat Kanaken mitgebracht von den Inseln, will regelmäßig diese fleißigen und arbeitsamen Farbigen von dort sich nachkommen lassen und macht sich anheischig, Ansiedlun-

Einst lebten hier 20 000 Menschen. Geisterstadt Bodie, Kalifornien.

gen zu bauen und ein kleines Reich, Neu-Helvetien, zu gründen.

»Warum Neu-Helvetien?« fragt der Gouverneur. »Ich bin Schweizer und Republikaner«, antwortet Suter.

»Gut, tun Sie, was Sie wollen. Ich gebe Ihnen eine Konzession auf zehn Jahre.«

Man sieht: Geschäfte werden dort rasch abgeschlossen. Tausend Meilen von jeder Zivilisation hat Energie eines einzelnen Menschen einen anderen Preis als zu Hause.

Neu-Helvetien

1839. Eine Karawane karrt langsam längs der Ufer des Sakramento hinauf. Voran Suter zu Pferd, das Gewehr umgeschnallt, hinter ihm zwei, drei Europäer, dann hundertfünfzig Kanaken in kurzem Hemd, dann dreißig Büffelwagen mit Lebensmitteln, Samen und Munition, fünfzig Pferde, fünfundsiebzig Maulesel, Kühe und Schafe, dann eine kurze Nachhut – das ist die ganze Armee, die Neu-Helvetien erobern will.

Vor ihnen rollt eine gigantische Feuerwoge. Sie zünden die Wälder an, bequemere Methode, als sie auszuroden. Und kaum daß die riesige Lohe über das Land gerannt ist, noch auf den rauchenden Baumstrünken, beginnen sie ihre Arbeit. Magazine werden gebaut, Brunnen gegraben, der Boden, der keiner Pflügung bedarf, besät, Hürden geschaffen für die unendlichen Herden; allmählich strömt von den Nachbarorten Zuwachs aus den verlassenen Missionskolonien.

Der Erfolg ist gigantisch. Die Saaten tragen sofort fünfhundert Prozent. Die Scheuern bersten, bald zählen die Herden nach Tausenden, und ungeachtet der fortwährenden Schwierigkeiten im Lande, der Expeditionen gegen die Eingeborenen, die immer wieder Einbrüche in die aufblühende Kolonie wagen, entfaltet sich Neu-Helvetien zu tropisch gigantischer Größe. Kanäle, Mühlen, Faktoreien werden geschaffen, auf den Flüssen fahren Schiffe stromauf und stromab, Suter versorgt nicht nur Van Couver und die Sandwich-Inseln, sondern auch alle Segler, die in Kalifornien anlegen, er pflanzt Obst, das heute so berühmte und viel bewunderte Obst Kaliforniens. Sieh da! es gedeiht, und so läßt er Weinreben kommen aus Frankreich und vom Rhein, und nach wenigen Jahren bedecken sie weite Gelände. Sich selbst baut er Häuser und üppige Farmen, läßt ein Klavier von Pleyel hundertachtzig Tagereisen weit aus Paris kommen und eine Dampfmaschine mit sechzig Büffeln von New York her über den ganzen Kontinent. Er hat Kredite und Guthaben bei den größten Bankhäusern Englands und Frankreichs, und nun, fünfundvierzig Jahre alt, auf der Höhe seines Triumphes, erinnert er sich, vor vierzehn Jahren eine Frau und drei Kinder irgendwo in der Welt gelassen zu haben. Er schreibt ihnen und ladet sie zu sich, in sein Fürstentum. Denn jetzt fühlt er die Fülle in den Fäusten, er ist Herr von Neu-Helvetien, einer der reichsten Männer der Welt, und wird es bleiben. Endlich reißen auch die Vereinigten Staaten die verwahrloste Kolonie aus Mexikos Händen. Nun ist alles gesichert und geborgen. Ein paar Jahre noch, und Suter ist der reichste Mann der Welt.

Der verhängnisvolle Spatenstich

1848, im Januar. Plötzlich kommt James W. Marshall, sein Schreiner, aufgeregt zu Johann August Suter ins Haus gestürzt, er müsse ihn unbedingt sprechen. Suter ist erstaunt, hat er doch noch gestern Marshall hinaufgeschickt in seine Farm nach Coloma, dort ein neues Sägewerk anzulegen. Und nun ist der Mann ohne Erlaubnis zurückgekehrt, steht zitternd vor Aufregung vor ihm, drängt ihn in sein Zimmer, schließt die Tür ab und zieht aus der Tasche eine Handvoll Sand mit ein paar gelben Körnern darin. Gestern, beim Graben sei ihm dieses sonderbare Metall aufgefallen, er glaube, es sei Gold, aber die anderen hätten ihn ausgelacht. Suter wird ernst, nimmt die Körner, macht die Scheideprobe: Es ist Gold. Er entschließt sich, sofort am nächsten Tage mit Marshall zur Farm hinaufzureiten, aber der Zimmer-

Der Rush

Der reichste Mann? Nein – der ärmste, der jämmerlichste, der enttäuschteste Bettler dieser Erde. Nach acht Tagen ist das Geheimnis verraten, eine Frau – immer eine Frau! – hat es irgendeinem Vorübergehenden erzählt und ihm ein paar Goldkörner gegeben. Und was nun geschieht, ist ohne Beispiel. Sofort lassen alle Männer Suters ihre Arbeit, die Schlosser laufen von der Schmiede, die Schäfer von den Herden, die Weinbauern von den Reben, die Soldaten lassen ihre Gewehre, alles ist wie besessen und rennt mit rasch geholten Sieben und Kasserollen hin zum Sägewerk, Gold aus dem Sand zu schütteln. Über Nacht ist das ganze Land verlassen, die Milchkühe, die niemand melkt, brüllen und verrecken, die Büffelherden zerreißen ihre Hürden, stampfen hinein in die Felder, wo die Frucht am Halme verfault, die Käsereien arbeiten nicht, die Scheunen stürzen ein, das ungeheure Räderwerk des gigantischen Betriebes steht still. Telegraphen sprühen die goldene Verheißung über Länder und Meere. Und schon kommen die Leute herauf von den Städten, von den Häfen, Matrosen verlassen ihre Schiffe, die Regierungsbeamten ihre Posten, in langen, unendlichen Kolonnen zieht es von Osten, von Westen, zu Fuß, zu Pferd und zu Wagen heran, der Rush, der menschliche Heuschreckenschwarm, die Goldgräber. Eine zügellose, brutale Horde, die kein Gesetz kennt als das der Faust, kein Gebot als das ihres Revolvers, ergießt sich über die blühende Kolonie. Alles ist für sie herrenlos, niemand wagt diesen Desperados entgegenzutreten. Sie schlachten Suters Kühe, sie reißen seine Scheuern ein, um sich Häuser zu bauen, sie zerstampfen seine Äcker, sie stehlen seine Maschinen – über Nacht ist Joahnn August Suter bettelarm geworden, wie König Midas, erstickt im eigenen Gold.

Und immer gewaltiger wird dieser beispiellose Sturm nach Gold; die Nachricht ist in die Welt gedrungen, von New York allein gehen einhundert Schiffe ab, aus Deutschland, aus England, aus Frankreich, aus Spanien kommen 1848, 1849, 1850, 1851 ungeheure Abenteurerhorden herübergezogen. Einige fahren um das Kap Hoorn, das ist aber den Ungeduldigsten zu lang, so wählen sie den gefährlicheren Weg über den Isthmus von Panama. Eine rasch entschlossene Kompanie baut flink am Isthmus eine Eisenbahn, bei der Tausende Arbeiter im Fieber zugrunde gehen, nur damit für die Ungeduldigen drei bis vier Wochen erspart würden und sie früher zum Gold gelangen. Quer über den Kontinent ziehen riesige Karawanen, Menschen aller Rassen und Sprachen, und alle wühlen sie in Johann August Suters Eigentum wie auf eigenem Grunde. Auf der Erde von San Franzisko, die ihm durch besiegelten Akt der Regierung zugehört, wächst in traumhafter Geschwindigkeit eine Stadt, fremde Menschen verkaufen sich gegenseitig seinen Grund und Boden, und der Name Neu-Helvetien, sein Reich, verschwindet hinter dem magischen Wort: Eldorado, Kalifornien.

Johann August Suter, noch einmal bankrott, starrt wie gelähmt auf diese gigantische Drachensaat. Zuerst versucht er mitzugraben und selbst mit seinen Dienern und Gefährten den Reichtum auszunützen, aber alle verlassen ihn. So zieht er sich ganz aus dem Golddistrikt zurück, in eine abgesonderte Farm, nahe dem Gebirge, weg von dem verfluchten Fluß und dem unheiligen Sand, in seine Farm Eremitage. Dort erreicht ihn endlich

mann ist als erster von dem furchtbaren Fieber ergriffen, das bald die Welt durchschütteln wird: Noch in der Nacht, mitten im Sturm, reitet er zurück, ungeduldig nach Gewißheit.

Am nächsten Morgen ist Colonel Suter in Coloma, sie dämmen den Kanal ab und untersuchen den Sand. Man braucht nur ein Sieb zu nehmen, ein wenig hin und her zu schütteln, und die Goldkörner bleiben blank auf dem schwarzen Geflecht. Suter versammelt die paar weißen Leute um sich, nimmt ihnen das Ehrenwort ab zu schweigen, bis das Sägewerk vollendet sei, dann reitet er ernst und entschlossen wieder zu seiner Farm zurück. Ungeheure Gedanken bewegen ihn: Soweit man sich entsinnen kann, hat niemals das Gold so leicht faßbar, so offen in der Erde gelegen, und diese Erde ist sein, ist Suters Eigentum. Ein Jahrzehnt scheint übersprungen in einer Nacht: Er ist der reichste Mann der Welt.

seine Frau mit den drei herangewachsenen Kindern, aber kaum angelangt, stirbt sie infolge der Erschöpfung der Reise. Doch drei Söhne sind jetzt da, acht Arme, und mit ihnen beginnt Johann August Suter die Landwirtschaft; noch einmal, nun mit seinen drei Söhnen, arbeitet er sich empor, still, zäh, und nützt die phantastische Fruchtbarkeit dieser Erde. Noch einmal birgt und verbirgt er einen großen Plan.

Der Prozeß

1850. Kalifornien ist in die Union der Vereinigten Staaten aufgenommen worden. Unter ihrer strengen Zucht kommt nach dem Reichtum endlich Ordnung in das goldbesessene Land. Die Anarchie ist gebändigt, das Gesetz gewinnt wieder sein Recht.

Und nun tritt Johann August Suter plötzlich vor mit seinen Ansprüchen. Der ganze Boden, so heischt er, auf dem die Stadt San Franzisko gebaut ist, gehört ihm nach Fug und Recht. Der Staat ist verpflichtet, den Schaden, den er durch Diebstahl seines Eigentums erlitten, gutzumachen, an allem aus seiner Erde geförderten Gold beansprucht er sein Teil. Ein Prozeß beginnt, in Dimensionen, wie sie die Menschheit vor ihm nie gekannt. Johann August Suter verklagt siebzehntausendzweihunderteinundzwanzig Farmer, die sich in seinen Pflanzungen angesiedelt haben, und fordert sie auf, den gestohlenen Grund zu räumen, er verlangt fünfundzwanzig Millionen Dollar vom Staate Kalifornien dafür, daß er sich die von ihm gebauten Wege, Kanäle, Brücken, Stauwerke, Mühlen einfach angeeignet habe, er verlangt von der Union fünfundzwanzig Millionen Dollar als Schadenersatz für zerstörtes Gut und außerdem noch seinen Anteil am geförderten Gold. Er hat seinen älteren Sohn, Emil, in Washington die Rechte studieren lassen, um den Prozeß zu führen, und verwendet die ungeheuren Einnahmen aus seinen neuen Farmen einzig dazu, diesen kostspieligen Prozeß zu nähren. Vier Jahre lang treibt er ihn durch alle Instanzen.

Am 15. März 1855 wird endlich das Urteil gefällt. Der unbestechliche Richter Thompson, der höchste Beamte Kaliforniens, erkennt die Rechte Johann August Suters auf den Boden als vollkommen berechtigt und unantastbar an.

An diesem Tage ist Johann August Suter am Ziel. Er ist der reichste Mann der Welt.

Das Ende

Der reichste Mann der Welt? Nein, abermals nein, der ärmste Bettler, der unglücklichste, geschlagenste Mann. Wieder führt das Schicksal wider ihn einen jener mörderischen Streiche, nun aber einen, der ihn für immer zu Boden streckt. Auf die Nachricht von dem Urteil bricht ein Sturm in San Franzisko und im ganzen Lande los. Zehntausende rotten sich zusammen, alle die bedrohten Eigentümer, der Mob der Straße, das immer plünderungsfrohe Gesindel, sie stürmen den Justizpalast und brennen ihn nieder, sie suchen den Richter, um ihn zu lynchen, und sie machen sich auf, eine ungeheure Schar, um den ganzen Besitz Johann August Suters zu plündern. Sein ältester Sohn erschießt sich, von den Banditen bedrängt, der zweite wird ermordet, der dritte flieht und ertrinkt auf der Heimkehr. Eine Feuerwoge fährt über Neu-Helvetien hin, Suters Farmen werden niedergebrannt, seine Weinstöcke zertreten, sein Mobiliar, seine Sammlungen, sein Geld geraubt und mit erbarmungsloser Wut der ungeheure Besitz zur Wüstenei gemacht. Suter selbst rettet sich mit knapper Not.

Von diesem Schlage hat sich Johann August Suter nie mehr erholt. Sein Werk ist vernichtet, seine Frau, seine Kinder sind tot, sein Geist verwirrt: Nur eine Idee flackert noch wirr in dem dumpf gewordenen Gehirn: das Recht, der Prozeß.

Fünfundzwanzig Jahre irrt dann noch ein alter, geistesschwacher, schlechtgekleideter Mann in Washington um den Justizpalast. In allen Bureaux kennt man dort den »General« im schmutzigen Überrock und mit den zerfetzten Schuhen, der seine Milliarden fordert. Und immer wieder finden sich Advokaten, Abenteurer und Filous, die ihm das letzte seiner Pension entlocken und ihn neuerdings zum Prozesse treiben. Er selbst will kein Geld, er haßt das Gold, das ihn arm gemacht, das ihm drei Kinder ermordet, das sein Leben zerstört. Er will nur sein Recht und verficht es mit der querulantischen Erbitterung des Monomanen. Er reklamiert beim Senat, er reklamiert beim Kongreß, er vertraut sich allerlei Helfern an, die, mit Pomp dann die Affäre aufzäumend, ihm eine lächerliche Generaluniform anziehen und den Unglücklichen als Popanz von Amt zu Amt, von Abgeordneten zu Abgeordneten schleppen. Das geht zwanzig Jahre lang, von 1860 bis 1880, zwanzig erbärmliche Bettlerjahre. Tag um Tag umlungert er den Kongreßpalast, Spott aller Beamten, Spiel aller Gassenjungen, er, dem das reichste Land der Erde gehört und auf dessen Grund und Boden die zweite Hauptstadt des Riesenreiches steht und stündlich wächst. Aber man läßt den Unbequemen warten. Und dort auf der Treppe des Kongreßpalastes, trifft ihn endlich am 17. Juli 1880 am Nachmittag der erlösende Herzschlag – man trägt einen toten Bettler weg. Einen toten Bettler, aber einen mit einer Streitschrift in der Tasche, die ihm und seinen Erben nach allen irdischen Rechten den Anspruch auf das größte Vermögen der Weltgeschichte sichert.

Niemand hat Suters Erbe bislang angefordert, kein Nachfahr hat seinen Anspruch angemeldet. Noch immer steht San Franzisko, steht ein ganzes Land auf fremdem Boden. Noch immer ist hier nicht Recht gesprochen, und nur ein Künstler, Blaise Cendrars, hat dem vergessenen Johann August Suter wenigstens das einzige Recht großen Schicksals gegeben, das Recht auf staunendes Gedenken der Nachwelt.

Axel Arens

Immer der Sonne entgegen

Zwischenstop in Venice Beach

Hell ist es. Schneehell. Und der Himmel ist blau mit kleinen, weißen Farbmustern drin, die zeigen sollen, wie blau ein Himmel sein kann, wenn er an der richtigen Stelle hängt. Und durch die himmelblaue Luft knattern zwei rote Riesendrachen. Ein Mann sitzt im »Ocean front walk cafe«, hat den Kopf zurückgelehnt und sieht den Drachen zu, wie sie mit dem Wind spielen.

Es sitzen etliche Männer im »Ocean front walk cafe« unter den rotweißgestreiften Marquisen, aber der Mann mit der dunklen Ray-ban-Brille sitzt in der ersten Reihe, weil er seine Maschine an der Ecke nicht aus den Augen lassen will und weil er den kalifornischen Traum »Venice beach« aus der ersten Reihe genießen möchte.

Vor seinen ausgestreckten Stiefeln rollen die Scater vorbei, mit Walkman über der Glatze, ohne Walkman mit Schimpansen auf der Schulter, mit Baby vor der Brust, mit Einkaufstüte im Gipsarm, an langen Zügeln von zwei Schlittenhunden gezogen.

Ein Mädel in Shorts macht vor dem Tisch des schwarzhaarigen Mannes eine Vollbremsung, stellt sich auf die Zehenspitzen, öffnet das Gesicht zu einem breiten, weißen Lächeln, bückt sich, nimmt einen langen Schluck Cola aus seinem Glas, verschluckt sich, wischt sich mit dem Handrücken die braune Cola aus dem sonnengebräunten Gesicht, lacht, klopft mit den Knöcheln ein »Thanks!« auf die runde Tischplatte und rollt mit langen Schlittschuhschritten davon. Ihre langen Haare heben sich vom Rücken, und der Mann sieht eine rote Schrift auf dem ärmellosen T-Shirt-Rücken: »Follow me«. Später, denkt er. Oder nie. Egal. Und er blickt dem Mädchen mit den langen Beinen nach, die in sehr kurzen Shorts stecken, die vor fünfzehn Jahren Hot-Pants hießen. Aber das wird das Mädchen nicht wissen, denkt sich der Mann hinter seiner Brille, da war sie vielleicht zwei Jahre alt.

Der Mann sieht nach seiner Maschine. Sie steht fest und sonnt sich.

Der Mann blickt über den weißen Strand, der fast menschenleer ist, und das von Montag bis Freitag, und der staubtrocken ist, weil ihn die Sonne dreihundertdreißig Tage im Jahr wärmt. Der Mann blickt auf zwei Hosen, eine blaue und eine gelbe, die Richtung Santa Monica joggen. Dann läßt der Blick die Läufer fallen, gleitet über das blaue Wasser, hebt sich, senkt sich, springt von Seemeile zu Seemeile, wie die flachen Steine der Kindheit über die stillen Wasser. Und draußen, wo der Blick nicht weiterreicht, oder die Sehkraft, wo der Pazifik sich duckt, bevor er nach Hawaii hinunterkippt, da ziehen weiße Boote vorbei, die herübergeglitten sind aus Marina del Rey, die ausgeschert sind aus dem weißen Rudel der dreihunderttausend Boote im größten Yachthafen der Welt.

Der Mann holt seinen Blick wieder zurück vom glatten, blauen Meer, blickt nach der Maschine. Ruhig steht sie da. Sauber. Kein Tropfen Öl unter dem Motor auf dem hellen Asphalt. Tapfer hat sie sich gehalten den ganzen Weg von San Franzisco runter. Immer ordentlich im Schatten der Peterbilt-, Freightliner- und Mack-Trucks. Immer saubere siebzig, fünfundsiebzig, ja achtzig Meilen. Die Laster haben Sprechfunk, hinter denen ist ein Motorradfahrer vor der Highway Patrol sicher.

Der Mann denkt zurück an die Bilder der vergangenen Nacht, als aus dem Nebel hinter Santa Barbara die Getty-Bohrinseln mit tausend Lichtern wie High-tech-Objekte aus dem Wasser stiegen, als bei Oxnard eine rote Corvette mit vollem Brass an ihm vorbeigepfiffen ist, ein siebenundfünfziger Cabrio, offen um sieben Uhr früh. Ein Junge und ein Mädel waren drin und haben ihm zugewunken, und als sie an ihm vorbei waren, sind sie vom Gas. Ob ihm nicht kalt sei, ob er keinen Hunger habe? Und dann sind sie an der Ausfahrt Hollywood on the Sea runter vom Highway, haben eine Cantina am Strand aufgetan. Die beiden haben ihn trotz Protest zu einer Enchillada und dünnem, aber heißem Kaffee eingeladen, und zusammen haben sie aufs Meer geschaut und zugesehen, wie sich die Sonne langsam auf dem Wasser breitmacht.

Und dann sind die beiden wieder losgezischt in ihrer Red Corvette, und zum Abschied haben sie gesagt »See you«, was unwahrscheinlich ist.

Der Mann holt seinen Blick aus der kurzen Erinnerung zurück, setzt die Brille ab, reibt sich die Augen, setzt die Brille wieder auf und sieht zehn Meter vor sich ein rotes Verbotsschild. Ein platter Blechkopf auf einer weißen Holzlatte. »NO« steht auf dem Schild. Keine Tiere, keine alkoholischen Getränke, kein Campieren und kein Schlafen im Strandgebiet. Der Mann grinst unter seiner Brille. Was wäre die Uferpromenade ohne die Hunde? Die schwarzen Labradore, die Golden Retriever, die braunen Bullterrier mit den weißen Flecken, die blauäugigen Sibirian Huskys? Was wäre der Strand von Venice ohne die Säufer und Narren und Philosophen? Ohne die Musikanten, die die Gitarre im Arm halten oder die Ziehharmonika. Ohne die gewesenen Rechtsanwälte, die die Trommel schlagen und neben sich eine Buddel Weißwein in den Sand gegraben haben? Und die Penner, die Schlafsackmieter, gehören zu Venice genauso wie die schwarzhäutigen Rollschuhfahrer mit den postgelben Knieschonern und die Monster-Kofferradios, die »Getto-Blaster«, mit den suppentopfgroßen Lautsprechern, weil sie mit dröhnender Musik

das Getto, die Armut, wegblasen sollen. Eine Illusion? In Venice gelingt sie. Für Stunden. Und morgen ist ein anderer Tag. Ein Mittwoch, ein Freitag. Wer weiß. Geld? Nicht jeder Venezianer lebt vom Stehlen und Dealen.

Langsam rollt der Mann auf seiner schwarzen Maschine durch die kleinen Straßen hinter der Uferpromenade.

Rose Avenue. Breeze Avenue. Horizone Avenue. Riviera Avenue. Grand Canal Street. Vor hundert Jahren sollte hier ein amerikanisches Venedig entstehen. Mit Wasserstraßen und Gondeln und Gondolieres. Ganz hat es nicht geklappt. Aus den Gondolieres sind Beach Boys geworden, und die Gondeln haben sich in Surfbretter verwandelt.

Der Mann mit der schwarzen Maschine blinkt sich vom San Diego Freeway rechts runter. Huntington Beach. Beach Boys. Yeah! Heute klappt es. Die Wellen sind da. Und mit ihnen Hunderte von Surfern. Hastig parken sie ihre alten VW-Käfer, ihre kleinen Hondas, ihre Pickups, die kleinen offenen Lieferwagen, reißen die Bretter vom Dach und rennen den Wellen entgegen, die Bretter hoch erhoben über den Köpfen. Dann werfen sie die Bretter ins Wasser, schmeißen sich bäuchlings drauf und rudern schildkrötengleich den Wellen, *der* Welle entgegen. Die Ausläufer ducken sie mit dem Kopf ab, tauchen unter den Brettern weg, rudern, bis sie hinter dem Kamm sind, knien auf ihren Boards, schielen lauernd nach hinten, versuchen den »swell« abzupassen. Oft gehen zwei, drei Züge vorbei, auf die der Surfer nicht aufspringen kann, weil er die Schwellung, das Aufbäumen der Wege nicht richtig geortet hat,

aber liegt er richtig mit seinem Brett, dann gibt es kein Halten, dann geht die Post ab, immer schön in Rückenlage und den Rücken zum Bogen gespannt, rauf den Berg und dann steil runter wie auf der Achterbahn. Der Profi kommt stehend ans Ufer gefahren, vielen anderen schlägt das Brett auf den Kopf, den Rücken – so ein Brett ist nicht wählerisch in seinem Ziel. Und weit weg kann es auch nicht, weil es durch eine schmale Leine mit dem Surfer verbunden ist, damit es sich nicht selbständig macht und nach Corona del Mar rüberschippert.

Der Mann hat seine schwarzen Stiefel neben das Motorrad gestellt, spielt mit den Zehen im Sand und sieht den Beach Boys zu, die sich unermüdlich in die Fluten stürzen. Auch Beach Girls, Wellenreiterinnen, gibt es jede Menge. Surfen, das ist Körperkultur in Reinkultur. Kalifornien sportelt. Die Fitness-Centren sind voll. Jeder hantelt, stemmt, schnauft, joggt, radelt, klimmt, grätscht, wuchtet, als gelte es, einen ganzen Staat olympiareif zu machen. Fitness bringt Ansehen. Fast soviel wie Geld. Nur fast, aber bei »Apple Computers« wird bei zwei gleichguten Chip-Spezialisten der bessere Surfer unter Vertrag genommen.

Der Mann, der am Ufer sitzt und die Füße in dem warmen Sand vergraben hat, verfolgt einen Surfer, sieht, wie er von der Welle kippt, verfolgt ihn mit den Augen, sieht, wie er sich aus dem Wasser schaufelt, den blonden Salzwasserschopf nach hinten wirft, sein Brett packt und wieder aufs Meer hinauspaddelt, mit einem Eifer, einer süchtigen Kraft, als gelte es, die letzte Welle zu erreichen, den letzten »swell«, bevor Kalifornien vom großen Beben verschluckt wird.

Susanne Raubold

The American (High)Way of Life

Eine Auto-erfahrung

Da standen wir nun und schauten einander ungläubig an. »You have to be in a car!« Hatten wir es denn immer noch nicht kapiert? Nun waren wir fast zwei Monate durchs Land gefahren, hatten zum Schluß ein Auto von der Ostküste überführt und den kostbaren Sportwagen wohlbehalten in einem Vorort von San Diego abgegeben. Dafür gab's von der »auto drive away«-Vermittlungsstelle die hinterlegte Kaution zurück, in Form eines 300 Dollar Schecks. Und den wollten wir nun an Ort und Stelle einlösen. Fehlanzeige! An einem Freitagnachmittag hat nur der Autoschalter der West Coast Savings geöffnet, und da wird man natürlich nur im Auto bedient. Vielleicht könnten wir ein yellow-cab nehmen, wird uns vorgeschlagen. In Abwandlung der Restaurantwarnung: »no shirt, no shoes – no service« heißt es hier: »no car – no cash«.

Durch nichts unterscheidet sich dieses Land so frappierend von Europa wie durch die Omnipotenz des Autos.

easy driving

Verblüfft beobachtet man zu Anfang noch, wie klein oder zusammenhanglos die zierlichen alten Damen – die mit den lilagetönten Haaren – wirken, wenn sie am Supermarkt einem der riesigen Cadillacs entsteigen. Aber bald hat sich das Auge daran gewöhnt. Die Wagen, automatisch von der Schaltung bis zur Kofferraumöffnung, sind so perfekt mit Bremskraftverstärker und Servolenkung ausgestattet, daß das Fahren weder Arbeit noch sportliche Anstrengung ist, sondern zu einer spielerischen Selbstverständlichkeit wird. Mit der Automatikschaltung werden Bein und Arm fast nicht mehr zum Fahren gebraucht. Der freie Arm kann links lässig aus dem Fenster gehängt werden oder rechts das Öffnen einer Chipstüte übernehmen. Statt des gnadenlosen Nahkampfes auf der bundesdeutschen Autobahn, wo deutsche Männer, mit Golf GTI, BMW oder Porsche bewaffnet, den Endkampf um die Überholspur und die unbegrenzte Geschwindigkeit mit der Lichthupe austragen, herrscht auf dem Highway ein kollektives, gleichmäßiges Dahinströmen in der Fahrzeugflut. Im endlosen Gewirr der Freeways von Los Angeles – einer Stadt, die alle postmodernen Theoretiker in Begeisterung ausbrechen lassen müßte, weil sie wirklich keinerlei Zentrum, schon gar kein historisches besitzt, sondern nur aus der Struktur ihrer entrances und exits, ihrer An- und Abfahrtswege besteht –, in Los Angeles lautet die Spielregel: »Just drive safe and easy!« Die Geschwindigkeit ist begrenzt, die Entfernungen aber sind fast unendlich, –

also verbringt man die Hälfte des Tages im Auto. Dort macht man es sich so bequem wie vor dem Fernseher (vor dem die andere Hälfte des Tages verbracht wird). Dieses sechsspurige Highwayleben hat etwas Schlafwandlerisches, – als fahre man gar nicht wirklich selbst, sondern schwimme einfach mit in diesem gigantischen, das ganze Land überziehenden Autofluß. Manchmal, bei besonders gelungenen Choreographien, war ich versucht, an der Unterseite der Blechrevue nach einem verborgenen Zahnrad zu suchen, das alle mit allen verbindet.

Hat man erst einmal die Städte verlassen, greift unvermeidlich die Kinoassoziation. – Unter den Bildern, die beim Fahren so intensiv empfunden werden, liegt ein Erinnerungssediment, in dem sich Abertausende von Filmbildern abgelagert haben. Das Auto fährt wie von selbst, läßt sich ohne die geringste Anstrengung mit der Fingerspitze lenken, was sowieso kaum noch nötig ist, da die Straße meist schnurgeradeaus führt. Die Richtgeschwindigkeit von 55 Meilen oder 65 wird von der »cruise control« reguliert. Und die obligate aircondition beseitigt das letzte bißchen Außenwahrnehmung. Isoliert wie Erdnüsse in ihrer Vakuumverpackung gleitet man dahin. Der Fahrer wird zum Zuschauer. Bald räkelt man sich im Kinosessel. Und plötzlich ertappt man sich bei dem blasphemischen Gedanken, daß die unermeßlich weite Landschaft zu nichts anderem bestimmt sei, als durch sie hindurchzufahren. Wandern oder Radfahren passen einfach nicht zu den Dimensionen und kommen im Sommer einer gefährlichen Expedition gleich. Besonders in den heißen, wüstenähnlichen Gebieten wird das gekühlte Auto zum scheinbar natürlichen Schutzraum des Menschen. So hält man Distanz zu einer unkomfortablen Natur, sieht nur, wie der Bildausschnitt sich langsam verändert, wie Berge auftauchen oder Wolkentürme oder ganz hinten ein Regenbogen. Riechen kann man nichts. Nur die Augen berühren die Außenwelt. Die stundenlangen Fahrten durch die Landschaft sind nie langweilig und von hohem Abstraktionsgrad, der sowohl Meditation als auch Euphorie einschließt.

Prince »Little, red Corvette«

Gelegentlich muß ein anderer Radiosender gesucht werden. Dann nämlich, wenn es nur noch rauscht und wir aus dem Empfangsbereich der örtlichen Station herausgefahren sind und den Navajo-Sender nicht mehr hören können. Dabei ist das Indianische unverständlich, hat keine Gemeinsamkeiten mit gängigen Fremdsprachen,

hört sich nur irgendwie »skandinavisch« an. Gibt's jedoch Nachrichtensendungen und Commercials, sind sie an den eingestreuten Brocken in der Buchstabensuppe zu identifizieren: »Perestroika«, »New York«, »Mr. Bush«. Und auf einem anderen Kanal verschafft die Hörer-rufen-an-Sendung tiefe Einblicke in das amerikanische Alltagsleben und seine brennenden Fragen: »Sollte der Mann von heute weiterhin die Restaurantrechnung seiner Begleiterin mitbezahlen? Oder nur, wenn sie weniger verdient? Oder nur, wenn er mit ihr schlafen will?«. Jetzt ist es Zeit, in das Tapedeck die eigene Lieblingskassette einzuschieben. Statt Country- und Westernsongs, der favorite music ländlicher Radiostationen, versuchen wir eine andere Ton-Bild-Montage. Harten Underground-Rap im Morgengrauen, zum grellen Mittagslicht italienische Schlager und zum kitschigsten aller Sonnenuntergänge genießen wir Prince' »Purple Rain«. Fahren und Musik, das ist movie pur.

moving movie

Es muß gar nicht der road movie sein, dessen eigentlicher Sinn das Unterwegssein ist. On the road sind auch die Helden des klassischen Westerns, der mittlerweile zum Bedauern manch männlichen Zuschauers nicht mehr gedreht wird, wahrscheinlich auch, weil die Omnipräsenz des Autos die Fortbewegung per Pferd anachronistisch und – schlimmer noch für die Westernhelden –

lächerlich und komisch aussehen ließe. Wim Wenders' Haßliebe zu Amerika gründet sich hauptsächlich auf Filme, in denen Landschaft erfahren oder erritten wird. Seine Hymne an »>Easy Rider« in der »Filmkritik« führt direkt zu »Im Lauf der Zeit«, »Alice in den Städten« und nicht zuletzt »Paris, Texas«. Ein deutscher road movie, der nur an seiner Zielstrebigkeit krankt: Wegfahren um anzukommen, statt sich der puren Freude am Unterwegssein hinzugeben. Davon handelt (wie unzählige andere Bücher, Filme, Lieder ...) »On the road« von Jack Kerouac, 1957 erschienen und schnell zum Kultbuch der Beatnicks avanciert. Denn »Unterwegs«sein, wie der deutsche Titel heißt, verkörpert einen Freiheitsbegriff, der ganz eng mit dem amerikanischen Autokult verbunden ist. Für Kerouac bedeutet Freiheit, ungebunden zu sein und ohne jegliche Formalitäten und Einschränkungen in jeden Winkel dieses riesigen Landes fahren oder fliehen zu können.

»Mit dem Auftauchen von Dean Moriarty begann der Teil meines Lebens, den man mein Leben auf den Straßen nennen könnte. Ich hatte schon vorher oft davon geträumt, in den Westen zu gehen, um das Land kennenzulernen, aber es war immer bei vagen Plänen geblieben, und ich war niemals losgezogen. Dean ist der ideale Kumpel für die Straße, denn er wurde praktisch auf der Straße geboren, und zwar als seine Eltern 1926 in einem abgetakelten alten Automobil unterwegs nach Los Angeles durch die Stadt Salt Lake City gekommen waren«, so Kerouac in »On the road«.

»Airstream«

Unterwegssein heißt in Amerika auch: Wohnen ohne festen Wohnsitz und Meldebehörde. Ständig begegnen einem auf dem Highway Tieflader, die ganze Häuserhälften von einem Staat in den anderen transportieren. An den Rändern der Stadt sind Siedlungen aus RVs (Recreational Vans) zu bewundern. Hier werden keine Mieten und Eigentumssteuern bezahlt, man lebt in mobile homes, die natürlich größer sind als ein deutscher Wohnwagen in Travemünde. Die schönsten dieser RVs sind wie futuristische Würste – ganz rund geformt und mit silberfarbenem Aluminium verkleidet: Sie heißen »Airstream«. Die klassische Route führt von der Ostküste mit ihren intellektuellen Zentren, allen voran New York City, in den Westen an die Goldküste des gelobten Landes Kalifornien. Diese Reise ist heute fast schon so legendär wie die unter europäischen Künstlern im 18. und 19. Jahrhundert übliche Befreiungsfahrt von Nord nach Süd über die Alpen ins sinnliche Italien. Aber da beginnt der Vergleich auch schon zu hinken. Denn von New York nach San Francisco sind es knapp 4500 km. Auf den europäischen Kontinent übertragen, müßte man von der Nordküste Schwedens bis nach Kairo fahren, um eine Vorstellung der Entfernung zu bekommen.

»Motel 6«

Schon das normale Autofahren birgt ungeahnte Möglichkeiten. Gilt doch in diesem Lande der in der Verfassung festgefahrene Grundsatz: Steige für nichts und niemanden aus deinem Blechhaus. Die Erfindung des Motels ist eine Amerikanisierung des Hotels für den autofahrenden Menschen. Direkt an den großen Highways kann man übernachten, ohne mehr als zehn Schritte zum Bett oder Pool zu gehen. Dank ihrer großen Beliebtheit sehen diese Motels auch keinesfalls mehr so bedrückend aus wie die von Anthony Perkins verwaltete Herberge in Hitchcocks »Psycho«. Allein »Motel 6«, eine über das ganze Land verbreitete Billigkette, wirbt für 500 Dependancen mit 58000 »freundlichen« Zimmern. Alle – vom bereitliegenden Seifenstückchen bis zum Muster der Bettdecke – gleich eingerichtet, gleich sauber, gleich gekühlt. Überflüssig zu erwähnen, daß man auch das Essen beim »drive thru« in's Auto hineingereicht bekommt, und mit einem großen Aufwand an Styroporbechern, Deckeln, Folien und Tütchen für Zukker, Salz, Kaffeeweißer, Ketchup und Zitronensaft alles im Auto zu essen ist.

Trucks, Trucker und Legenden

Da dieses riesengroße Land aber offensichtlich nur durch das Straßennetz – welches zum größten Teil in den vierziger Jahren mit Mitteln des Verteidigungshaushaltes errichtet wurde und durch Schienen- und Wasserwege keine Konkurrenz mehr hat – erschlossen ist, wird auch der Gütertransport überwiegend auf dem Highway abgewickelt. Kaum ist die Bewunderung zu verbergen, mit der man den gemächlich dahinziehenden Trucks nachschaut. Silbern glänzen die langen Züge mit den zu Schornsteinen aufgebogenen Auspuffrohren im Licht der Wüstenlandschaft. Nachts tauchen sie wie beleuchtete Lindwürmer aus dem Nichts der Dunkelheit auf.

Seltsam sicher und unbeirrbar, wie aus einer längst vergessenen Saurierwelt, ziehen sie dahin – Trucks und Trucker, eine nie endende Werbekampagne für die reinste aller Männerwelten. Die Legenden, die sich um die einsamen Fahrer und ihre superstarken Züge ranken – deren phallische Signalwirkung kaum zu leugnen ist –, machen sie zu den letzten Helden Amerikas.

Pickup und »Tin-Lizzies«

Mit welchem Gefährt man auch unterwegs ist: ob mit dem Statussymbol schlechthin, einem Porsche, Mercedes Benz, BMW, vom Auto aus ist alles zu machen. Natürlich ist es ein Unterschied, ob man beim Flirt an der Ampel in einer »lemon« sitzt, wie alle etwas älteren Baujahre heißen, die nicht aus steuerlichen Gründen nach zwei Jahren gegen das gerade neueste Modell eingetauscht werden, oder ob man aus einem Pickup Blicke wirft. Das Auto läßt Schlüsse zu, die Mädchen in der Nebenspur wissen, im Pickup sitzt ein Surfer, das Brett paßt bequem auf die Ladefläche, oder ein selbständiger Handwerker, der in Deutschland einen Mercedes fahren würde, ein Indianer, denn alle Indianer fahren, da sie kaum noch reiten, Pickup, oder auch ein Farmer. Die haben den ersten Pickup erfunden. Als in den dreißiger Jahren noch das Ford-T-Modell die Straßen beherrschte und die Motorisierung Amerikas einen entscheidenden

Schub voran brachte, haben die Bauern häufig selbst eine Art Ladefläche hinter das Führerhaus montiert, um Fässer, Geräte und Kleintiere zu transportieren. Dieser Neuerungsvorschlag wurde bald zum Pickup.

Überhaupt ist der Ford-T der Meilenstein, wenn nicht sogar der Stein des Anstoßes in der Automobil-Geschichte Amerikas. Von 1909 bis 1927 wurden 16 Millionen der »Tin-Lizzies« verkauft. Wenn man bedenkt, daß 1928 auf dem amerikanischen Kontinent insgesamt nur 21 Millionen Autos existieren, dann hat der Ford-T einen ziemlich stolzen Anteil daran. Das liegt im wesentlichen an dem sensationellen Preis, der mit 290 Dollar (1925) – im Vergleich zu cirka 4000 Dollar für einen normalen, handgefertigten Wagen – das Auto für die Massen, besser gesagt für die Mittelklasse erschwinglich machte. Das war das Resultat der erstmals betriebenen Fließbandproduktion und einer einheitlichen Ausstattung: »You can order any color but it must be black.«

Was dann folgt, ist bekannt. Das immer schon große amerikanische Auto entwickelt sich zum Schlitten. In den fünfziger Jahren gibt es plötzlich Autos, die sieben Meter lang sind und 350 PS bieten: wie der Buick V8 188. Heckflossen, Unmengen von glitzerndem Chrom und zweifarbene Lackierung beim Chevrolet »Bel-Air« verwandeln das Fortbewegungsmittel zum Objekt der Begierde.

Der französische Philosoph und Soziologe Jean Baudrillard hat an einem Samstagabend die Provinzjugend bei ihrer Auto-Prozession beobachtet und den archaischen

Zug, das raubtierhafte Dahingleiten folgendermaßen beschrieben: »Die Nacht senkt sich langsam über Porterville, und das Saturday Night-Fieber beginnt. American Graffiti 85. Die Leute fahren die zwei Meilen der Hauptverkehrsstraße in langsamer und bunter Autoprozession, einer Art kollektiver Parade, trinkend und Eis schleckend rauf und runter und unterhalten sich mit Zurufen über die Autos hinweg (während sie untertags rumfahren, ohne sich anzusehen): alles ist Musik, Sono, Eis und Bier. Sie gleicht in ihren Ausmaßen dem langsamen nächtlichen Rollen über den Strip von Las Vegas oder der Autoprozession auf den Straßen von Los Angeles, nur in einen Samstag-Abend-Provinzzauber verwandelt. Das einzige Kulturelement, das einzige bewegliche Element ist das Auto. Ansonsten kein Kulturzentrum, kein Vergnügungszentrum. Eine primitive Gesellschaft: *eine* motorische Identifikation, *ein* kollektives Phantasma des Abspulens – Breakfast, Movie, Gottesdienst, Liebe und Tod, alles im Auto – das ganze Leben im drive in. Grandios. Alles findet sich zu diesem Défilé leuchtender und geräuschloser Unterseeboote zusammen (denn alles geschieht in relativer Stille, keine Geschwindigkeitsänderung, kein Überholmanöver; nur immer die gleichen flüssigen Automatikmonster, die im Rudel geschmeidig hintereinander hergleiten). Es wird sich während der Nacht nichts anderes ereignen«. So in seinem Buch »Amerika«.

»Chicken-race«

Selbstverständlich ereignet sich noch etwas anderes. Die ganze amerikanische Literatur berichtet von Schlüsselmomenten, Entscheidungssituationen in und um's Auto. Da wird dem Sohn, einem Initiationsritus gleich, zum ersten Mal Vaters Wagen geliehen, mit dem er höchstwahrscheinlich seine Freundin in's Autokino fährt. Und wo wird unter amerikanischen Jugendlichen geknutscht und geküßt? Auf der Rückbank. James Dean fährt in seinem Entscheidungsrennen in »Rebel without a cause« natürlich mit qualmenden Reifen – und nicht mit dem Fahrrad auf den Steilhang zu. Und man weiß, daß er sich bald darauf mit einem Sportwagen zu Tode gerast hat, was ihn neben Marilyn Monroe zum Idol der

Idole werden ließ. In den Kurzgeschichten von Joyce Carol Oates finden Trennungsgespräche auf langen Autofahrten statt. Und Raymond Chandler läßt in »Nevada-Gas« gleich zu Beginn einen Gangsterboß im Auto ermorden, indem Cyanid in den völlig abgedichteten Wagen geleitet wird. Kein Zufall, daß es ein Lincoln ist, der da sowohl als Mordwaffe wie Tatort herhalten muß – ist diese Marke doch schon vom Äußeren her so kompakt und verschlossen wie ein Sarg. Auch in der Erzählung von Ethan Canin »The Year of Getting to Know Us« ist es ein Lincoln, der die Macht des dominierenden Vaters verkörpert, der für seinen Sohn fern, unerreichbar und unberührbar bleibt. In John Updikes Roman »Das Gottesprogramm« gibt es eine alleinerziehende 17jährige Mutter, die von Sozialhilfe lebt und nicht mal ein Auto hat. Kein Wunder, daß ihr erster Auftritt bei einem Thanksgiving-Essen im Theologenhaushalt des Ich-Erzählers zur Katastrophe gerät: Viel zu spät kommt sie angehetzt. Das Kleinkind, mit vollen Windeln, mußte sogar getragen werden, denn der Bus ist mal wieder nicht gekommen.

»Little America«

Mit dem Auto ist alles möglich. Man kann sogar einen Gottesdienst besuchen, ohne den Wagen zu verlassen. Wie beim Autokino werden in die einzelnen Wagen Lautsprecher hineingehängt. Wer nicht religiös ist, liest vielleicht Bücher, die kann man auch an der Bibliothek zurückgeben, indem man sie bei der Rückgabe wie Briefe in Kästen wirft, die vom Wagen aus zu bedienen sind.

Und weiter fährt man den Highway entlang, bis die Billboards, fünf Meter lang und immer taghell beleuchtet, für etwa sechs Sekunden – so hat man errechnet – die Aufmerksamkeit der Vorbeifahrenden auf sich ziehen. So schnell ist man verführt. Sie werben und locken für alles und nichts. Wie wär's mit einem Abstecher nach »Little America«? Was verbirgt sich wohl hinter diesem Namen? Ein Museum? Ein altes Dorf? Nein: der größte Auto-Stop der USA mit sagenhaften 50 doppelseitigen Benzinsäulen und angeschlossenem Restaurant, Souvenir-Shop und Motel – das ist »Little America«.

Stefan Schomann

We are not a minority!

Gringos und Chicanos

In jedem Western spielt er mit: der echte Mexikaner. Groß und dunkel, scharf geschnittene Züge, stechender Blick. Tequila tropft vom Schnurrbart. Sombrero, Schnaps und Chili. Pferdeschinder mit kolossalen Stiefeln und Sporen. Den Patronengurt kreuz und quer über der Heldenbrust. Zwei Gewehre auf dem Rücken, das dritte in der Hand und immer einen Colt mehr im Gürtel als die anderen. Die Frauen ziehen die Gardinen zu, wenn er vorübergeht, denn sein Blick trifft sie mitten ins Herz.

In jedem Western spielt er mit, der echte Mexikaner. Nur in Mexiko selbst fand ich ihn nicht. Das Fazit nach Monaten erfolgloser Suche, ob im tropischen Süden, im zentralen Hochland oder in den Weiten des Nordens: Die Leute sind ganz anders als im Film. Von der Statur her untersetzt, zeichnen sie sich statt durch Energie und Tatendrang durch ihr unbesiegbares Phlegma aus. Sie sind keine Einzelkämpfer, sondern Gemeinschaftswesen. Wenn sie vor etwas strotzen, dann vor Harmlosigkeit. Zwar werden sie stattlicher, je näher man der amerikanischen Grenze kommt, aber es sind einfach nicht die richtigen... Moment: Grenze? Das war der Denkfehler! All diese Finsterlinge in den Filmen trieben sich doch *jenseits* der Grenze herum. Auf amerikanischem Territorium. Klaro – der echte Mexikaner lebt in den USA!

Vamonos al norte!

Tijuana. – Die Stadt Tijuana existiert überhaupt nicht. Nicht in unserem Atlas, der doch der ganzen Familie die Welt ins Haus brachte. Alles weiß er, alles zeigt er, nie hat er uns im Stich gelassen. Aber ein Tijuana kennt er nicht, nicht einmal ein ganz kleines. An der fraglichen Stelle nur friedliches Niemandsland: zartes Blau (der Ozean), zartes Braun (die Berge) und zartes Rot (die Grenze). Erscheinungsjahr: 1957.

Dreißig Jahre später leben eine Million Menschen in Tijuana. Eine Stadt explodiert. Tijuana verzeichnet den höchsten Bevölkerungszuwachs in Mexiko, dehnt sich noch schneller aus als Mexico City. Wie eine Flechte überzieht es die faltigen Hänge der Küstenwüste. Auf der anderen Seite schließt sich San Diego an. Nirgendwo sonst stoßen erste und dritte Welt so direkt aufeinander, grenzt ein so »reiches« an ein so »armes« Land. – »Tijuana ist überhaupt gar nichts«, schrieb Chandler in *The Long Good Bye*, »alles, was man da von einem will, ist der Dollar. Das Bürschchen, das zu einem an den Wagen geschlendert kommt, einen mit großen sinnenden Augen anblickt und sagt ›Kleine Unterstützung bitte, Mister‹, wird im nächsten Satz versuchen, einem seine Schwester zu verkaufen.«

Die Grenze teilt ein historisch, geographisch und soziokulturell zusammenhängendes Gebiet. Amerikas Westen wurde nicht von der Ostküste her, sondern ab Mitte des 18. Jahrhunderts durch die von Süden kommenden Spanier besiedelt. Kalifornien, Arizona, New Mexico, Nevada, Utah, Texas sowie Florida waren spanisch und damit katholisch. Als Mexiko 1821 unabhängig wurde, bildeten diese Gebiete seine Nordprovinzen. Florida war zwei Jahre zuvor an die USA verkauft worden, Texas löste sich in den dreißiger Jahren los und trat nach zehn Jahren Selbständigkeit in die USA ein. In Kalifornien lebten damals gerade elftausend Menschen, in der Mehrheit Indianer. Nachdem Amerika der mexikanischen Regierung wiederholt erfolglos hohe Geldsummen bot, um auch die übrigen Gebiete zu kaufen, kam es 1846/47 zum Krieg. Amerikanische Truppen drangen bis Mexico City vor und hißten das Sternenbanner. Die Unterlegenen mußten fast ein Drittel ihres Territoriums abtreten. Ironie der Geschichte: Ein Jahr später fand ein junger Schweizer das erste Gold in Kalifornien – jenes Gold, das zu erbeuten die Spanier einst die Neue Welt eroberten.

Erwähnenswert aus dieser Zeit ist die Episode um Juan Cortina, einem mexikanischen Offizier, der von den einen als Robin Hood, von den anderen als Red Robber tituliert wurde. Nach der Jahrhundertmitte machte er mit einer Bande, heute würde man sie Guerillas nennen, die Grenzgebiete unsicher. Schließlich besetzte er das Grenzkaff Brownsville in Texas und ließ dort seinerseits die mexikanische Flagge wehen – es war die einzige »Invasion«, die die Vereinigten Staaten je auf ihrem Territorium erlebten.

Die Hintertür Amerikas

So wie man bei Reisen in die Türkei häufig auf deutsch angesprochen wird, so begegnet man in Mexico ständig Leuten, die in den USA gearbeitet haben. Felipe und Gloria, ein junges Ehepaar, kehren nach einem Jahr in Los Angeles gerade in ihre Heimatstadt mit dem zauberhaften Namen Netzahualcoyotl zurück, nahe Mexico City. Er war bisher achtmal drüben, sie dreimal, manchmal nur kurz, weil die *migra*, die Grenzpolizei, sie erwischte, worauf sie munter den nächsten Anlauf nahmen. »In El Paso hat es einer fertiggebracht, im Laufe eines Tages fünfmal geschnappt zu werden«. Sie machen sich nicht viel draus, etwa so, als ob unsereins beim Schwarzfahren ertappt wird. Auch einige Tage Abschiebehaft bringen sie nicht aus der Ruhe, sie loben das Gefängnisessen.

Felipe arbeitete in einer Schreinerei und als Installateur, nachdem es ihm das letzte Mal auf den texanischen Ölfeldern nicht gefallen hatte. Auch als Landarbeiter hat er sich schon durchgeschlagen, ein Bereich, in dem viele Mexikaner beschäftigt werden und der wegen der harten Arbeitsbedingungen berüchtigt ist. Aus seiner Sicht haben die Obstplantagen jedoch auch Vorteile: »Man kann sich gut verstecken, wird wenig gesehen und kriegt umsonst Orangen«. In Kalifornien werden noch die besten Löhne für Landarbeiter bezahlt, bis zu fünf Dollar die Stunde. Die meisten Jobs, die sich den Illegalen bieten, liegen am unteren Ende der Beliebtheitsskala. Die Arbeitsbedingungen lassen sich folgendermaßen charakterisieren: schlechte Bezahlung, geringe Sicher-

heit, harte und nicht ungefährliche Arbeit, keine Aufstiegschancen, schlechte Bildungssituation, niedriger sozialer Status und geringe gewerkschaftliche Organisation. Last hired – first fired.

Felipe und Gloria sind stolz auf ihre Dollars und den alten Straßenkreuzer, mit dem sie jetzt nach Hause fahren. Das statistische Pro-Kopf-Einkommen ist in den USA siebenmal höher als in Mexiko. »Wir möchten in Mexiko leben. Doch wenn wir wieder Geld brauchen, müssen wir noch einmal auf die andere Seite. Wir alle können hart arbeiten.« Mit welch kindlicher Naivität bieten sie sich als Arbeitskräfte an.

Am Grenzübergang herrscht schon morgens starker Andrang. Viele aus Tijuana arbeiten – mit Visum – in San Diego, besonders im Dienstleistungsbereich, als Haushaltshilfen, Köche, Fahrer, Verkäuferinnen, Krankenschwestern. Dazu kommen Touristen und Einkaufsbummler. Am Nachmittag fließt der Strom dann in die andere Richtung; eine Straßenbahn karrt unermüdlich Amerikaner an die Grenze. »Mexico is so cheap!« In einem Reiseführer steht: »Tijuana: Shopping- und Vergnügungsparadies der Südkalifornier. Besonders Teenies lassen sich hier gerne mit Margueritas und Tequila vollaufen, denn das Trinken ist unter 21 Jahren erlaubt.«

Ein Viertel der mexikanischen Einwohner – ohne Visum – wartet auf eine Chance, die Grenze zu passieren. Tijuana ist das Sprungbrett in den Dollarpool. Manche versuchen es sogar direkt an der Grenzübergangsstelle, sie springen von den Mauern der Betonburg wie ihre Landsleute von den Klippen Acapulcos und tauchen in der Menge unter. In der Regel gelangen sie aber an entlegeneren Stellen ins Land der Träume. Entlang der gesamten Grenze ist ein organisiertes Gewerbe entstanden. Die sogenannten *coyotes* schmuggeln die *pollos* (Hühner) in kleinen Gruppen mit Autos, Lastwagen, Booten und zu Fuß auf die andere Seite. Sie schneiden Löcher in die Zäune oder untergraben sie, schwimmen durch Flüsse, steigen in die Kanalisation oder marschieren tagelang durch die Wüste. »Es ist ein Abenteuer«, meint Felipe. Letztes Mal hat er »das Übliche« dafür bezahlt, 300 Dollar. Wie er, so haben viele einen Onkel Pedro oder einen Schwager Fernando drüben, der das Geld vorschießt. Das familiäre Netzwerk funktioniert.

Diese illegale Einwanderung zu unterbinden, ist Aufgabe der *border patrol*. Es gibt sie seit 1924. Sie arbeitet mit Hubschraubern, Flugzeugen, elektromagnetischen Sensoren, Infrarotkameras und mit speziellen Grenzzäunen. Doch die Grenze ist lang, fast 2000 Meilen. Jeden Monat gehen ihr etwa 30000 Menschen ins Netz, 10 bis 20 Prozent aller Grenzgänger. 90 Prozent davon sind Männer, die übrigen Frauen und Kinder. Sie alle suchen Arbeit in der Textil- und Bauindustrie, in der Landwirtschaft, der Holzverarbeitung, in Restaurants und fastfood-Betrieben, in Wäschereien, im Einzelhandel und im Dienstleistungsbereich.

Mexikanische Gastarbeiter gibt es seit langem. Gegen Ende des 19. Jahrhunderts ersetzten sie, besonders in Texas, zunehmend die schwarzen Farmarbeiter. Durch den Ersten Weltkrieg und den Rückgang der Einwanderung aus Süd- und Osteuropa bestand ein erhöhter Bedarf an Arbeitskräften. Sie wurden durch Agenten direkt in Mexiko angeworben. Mit der Depression kehrte sich der Strom um, zwischen 1929 und 1935 wurden 80000 Mexikaner deportiert und eine halbe Million »freiwillig« repatriiert. Durch den Zweiten Weltkrieg

entstand erneut ein Mangel an Arbeitskräften, die ab 1942 durch das *bracero program* aus Mexiko geholt wurden (bracero: Hilfsarbeiter, von span. brazo: der Arm). Ihre Verträge wurden 1951 (Koreakrieg) verlängert und liefen 1964 endgültig aus. Noch während die Anwerbung legaler Arbeitskräfte lief, begann in den fünfziger Jahren die *operation wetback*, die planmäßige Abschiebung illegal arbeitender Mexikaner. (Sie werden abfällig wetbacks genannt, weil viele durch den Rio Grande in die Staaten schwammen.)

Holt sie rein – werft sie raus; die Geschichte der amerikanisch-mexikanischen Beziehungen steckt voller Widersprüche. Erst seit einigen Jahren ist es gesetzlich verboten, illegale Einwanderer zu beschäftigen. Bislang wurden nur die Arbeiter bestraft, nicht ihre Arbeitgeber. Im Grunde ging es der Immigrationspolitik zu keiner Zeit darum, den Strom zu stoppen, sondern nur ihn zu regulieren. Angeblich wird während der Erntezeit weniger scharf kontrolliert. Wirtschaftliche und politische Rücksichten spielen ebenfalls eine Rolle. Die USA brauchen Mexiko als Lieferant von Arbeitskräften, Rohstoffen, wie ihr Erdöl, als Absatzmarkt und Industriestandort. Außerdem erwarten sie die mexikanische Zustimmung zu ihrer Außenpolitik für die Karibik und Mittelamerika.

»They don't even talk English!«

Olvera Street, Los Angeles – 1781 gründeten 41 Siedler auf Anordnung eines spanischen Provinzgouverneurs *El Pueblo de Nuestra Senora La Reina de Los Angeles*. Nach 140 Jahren amerikanischer Herrschaft sind davon gerade noch zwei Buchstaben übriggeblieben: *L.A.*

Olvera Street, ein von Einheimischen wie Touristen gut besuchter »history park«, liegt am Rande von Downtown L.A., vom Stadtverkehr wie eine Insel umspült. Es sieht aus, als hätte Paramount ein paar Kulissen mitsamt den dazugehörigen Kleindarstellern ausgelagert, die sich nun als sombrerotragende, gitarrenschlagende, enchiladaskochende, puppenbastelnde, ponchoverhökernde Mexikaner verdingen. Nur mein Filmbösewicht ist trotz Hollywood wieder nicht darunter. Olvera Street besteht aus einer Gasse und einem Zocalo, dem Hauptplatz mit Kiosk, darum herum Gebäude im Kolonialstil mit Souvenirshops, Restaurants und kleinen Museen. Auch das älteste Haus von Los Angeles gibt es zu besichtigen (1818 – in Wien würde das als Neubau durchgehen).

In Olvera Street wohnt heute niemand mehr, doch nördlich und östlich schließen sich typisch mexikanische Viertel an. Zum Beispiel East Los Angeles, eine Stadtwüste mit freeways und Industriegebieten. Die mehrstöckigen Mietshäuser und die schlichten Einfamilienhäuser sind dicht bevölkert. In den überfüllten Schulen wird anfangs zum Teil zweisprachig unterrichtet. Mehr als 90 Prozent der Schüler sind mexikanischer Herkunft, aber nur ein Drittel der Lehrer. Neben dem Sprachproblem erschweren die Größe der Familien (vier bis fünf Kinder im Durchschnitt), die Umstellung auf das fremde Land, die rein mexikanische Umgebung und die Notwendigkeit, zum Familieneinkommen beizutragen, den Lernerfolg. Die Zahl der Schulabbrüche ist hoch, die der Studenten niedrig. Landesweit haben von 100 jungen Chicanos 55 einen High School-, sieben einen College-Abschluß. (Zum Vergleich: Bei Schwarzen sind es 72 bzw. 12, bei Weißen 83 bzw. 23).

Das Wort *chicano* ist wahrscheinlich von me-xicano abgeleitet und wurde in Mexiko seit langem abwertend für Angehörige der Unterschicht benutzt. In den sechziger Jahren übernahmen junge amerikanische Mexikaner diese Bezeichnung mit trotzigem Selbstbewußtsein. In den USA leben heute 16 Millionen Bürger mexikanischer Abstammung und ungefähr sieben Millionen illegale Einwanderer. Damit haben sie die schwarze Minderheit überholt. Los Angeles ist mittlerweile die zweitgrößte mexikanische Stadt. Manche Hochrechnungen besagen, daß im Jahr 2000 die Hälfte der Menschen im Großraum L.A. aus Mexiko und Lateinamerika kommen wird. Auf einem der zahlreichen *murales*, der großflächigen Wandgemälde, steht denn auch unmißverständlich: »We are not a minority!« Eigentlich sind die Gringos die Exoten, sie wissen es nur nicht.

Spanisch spielt im Medienbereich eine große Rolle: Novelas, Comics, Ranchero-Schlager, Zeitungen, Filme, Musik, eigene Radio- und Fernsehstationen. In der Politik dagegen sind die Chicanos unterrepräsentiert: es gibt keine Chicano-Senatoren und nur vier Kongreßabgeordnete. Die wenigen Politiker sind Vertreter der middle-class. Außer San Antonio, Texas, hat keine einzige größere Stadt einen Chicano-Bürgermeister. Auf der unteren Ebene gibt es jedoch zunehmend politische, soziale und kulturelle Aktivitäten und Organisationen.

Francisco López schreibt Filmmusik für Hollywood. Bis vor kurzem nannte er sich noch Frank Lopez – symptomatisch für die Suche der Chicanos nach einer eigenen Identität, »weder rein mexikanisch noch amerikanisch«. Er beschreibt die Schwierigkeiten, ein Chicano-Selbstbewußtsein zu entwickeln. »Da ist die fremde Sprache, da sind die ungeschriebenen Spielregeln, die du nicht kennst, der Erfolgszwang, das Verlangen nach Geld und Konsum. Das gibt eine Menge Druck. Die einen passen sich übertrieben dem ›American Way of Life‹ an, die anderen demonstrieren mexikanische Eigenheiten bis zur Karikatur.« Er schimpft auf die Amerikaner, über ihre Kälte und Oberflächlichkeit und ihren Mangel an Kultur. »This is America! Speak English!«, bekam er seit seiner Kindheit immer wieder zu hören. »Das sind die gleichen Leute, die ihren Urlaub in Cancun oder Acapulco absitzen, ohne sich auch nur um einige Brocken Spanisch zu bemühen«.

Eines der vielen Vorurteile betrifft die Kriminalität der Chicanos. Fast jede Einwanderergruppe war in dieser Beziehung anfangs suspekt, den Iren, Italienern und Chinesen erging es nicht anders. Die Statistik zeigt jedoch, daß die eigentlichen Immigranten eine eher unterdurchschnittliche Kriminalitätsrate aufweisen. Sie importieren ihre traditionellen Werte, wollen etwas errei-

chen und nicht auffallen, streben Wohlstand und Sicherheit an. Das gefährlichere Potential bildet die zweite und dritte Generation. Den Zielen ihrer Eltern entfremdet, erkennen sie die überlieferten Qualitäten nicht an und finden in Amerika keine Alternativen. Die Jugendbanden in Los Angeles sind ein Dauerbrenner in den Medien. Chicano-Gangs wetteifern mit den schwarzen und den asiatischen Banden um den schlechtesten Ruf. Es gibt auch Chicanos, die – wir waren zuerst da – gegen Mexicanos kämpfen.

Mexicali und Calexico

Mission District, San Francisco – Entlang des *camino real*, der lange Zeit die einzige Straße war, die Kalifornien von Norden nach Süden durchzog, wurden im Laufe des 18. Jahrhunderts 21 spanische Missionen gegründet. San Francisco war eine der nördlichsten, und die Mission Street folgt noch heute dem Verlauf des *camino real*. Der Mission District, das mexikanische Viertel, ist eines der lebendigsten Quartiere der Stadt. Auch viele Künstler und Studenten leben hier, neben Hunderten von kleinen Läden gibt es Buchhandlungen, Cafés, Off-Theater und Galerien. Die Zweisprachigkeit auf Plakaten und in den Läden ist nicht von oben verordnet, sondern Geschäftssinn, business als Motor der Integration. Die Menschen sind schlanker und selbstbewußter, vor allem die Frauen, und haben weniger Kinder als in anderen Chicano-Vierteln oder gar in Mexiko – Zeichen sozialen Aufstiegs?

Jorge ist einer von denen, die es geschafft haben. Sein Vater kam in den dreißiger Jahren nach San Francisco und nahm als Soldat am Zweiten Weltkrieg teil. Die Rolle der Chicanos in den Streitkräften ist hierzulande fast unbekannt. Sie nahmen in großer Zahl sowohl am Zweiten Weltkrieg, besonders im Pazifik, wie auch am Korea- und Vietnam-Krieg teil. Im Militär ist ihr Anteil auch heute überdurchschnittlich hoch. Sie erwarten sich bessere Aufstiegschancen und soziale Absicherung. Jorge lebt mit seiner Familie in einer dreifach alarmgesicherten Villa in einer ruhigen Nebenstraße. Sein Geld hat er als Immobilienmakler und Autohändler gemacht. Einige seiner Klienten sieht man Freitag- und Samstagabend mit aufgemotzten Schlitten die Mission Street rauf und runter rollen. Es ist die Chicano-Schickeria, junge Leute im grellen Disco-Look.

Alteingesessene und arrivierte Chicanos wie Jorge sind manchmal die schärfsten Kritiker ihrer neuankommenden Landsleute – Chicanos als die »besseren Amerikaner«? »Sie nehmen Arbeitsplätze weg, drücken die Löhne, beanspruchen Sozialleistungen und kosten Steuern.« Umgekehrt sind sie als Konsumenten erwünscht, steigern den Umsatz und schaffen daher neue Arbeitsplätze, Löhne und Steuereinnahmen. Die Diskussion ist uns geläufig.

Auch Mexiko selbst muß sich mit dem Phänomen der Immigration auseinandersetzen. Jeden Tag werden an der mexikanischen Südgrenze etwa 100 Menschen zurück nach Mittelamerika deportiert. Sie kommen aus Guatemala, El Salvador und Nicaragua, die meisten von ihnen suchen Arbeit. Mit dem üblichen Argument, die einheimischen Arbeitsplätze zu schützen, weist Me-

xiko sie aus. Politische Flüchtlinge werden geduldet, aber oft in Lagern untergebracht.

»Pobre Mexico, tan lejos de Dios y tan cerca de los Estados Unidos« – armes Mexiko, so weit weg von Gott und so nahe an den USA, soll der Diktator Diaz nach der Jahrhundertwende gesagt haben. Um zur Eindämmung der Probleme beizutragen, strebt Mexiko seit 1965 planmäßig die Industrialisierung des dünn besiedelten Nordens an. Neben den Grenzstädten Tijuana, Mexicali, Ciudad Juárez und Nuevo Laredo erleben vor allem die Großstädte im Hinterland – Hermosillo, Chihuahua, Torreón und Monterrey – einen wirtschaftlichen Aufschwung. Zunehmend lagern auch amerikanische Firmen ihre Produktion ins Billiglohnland Mexiko aus, das gleichzeitig als Absatzmarkt erschlossen wird. Auch der Tourismus und der kleine Grenzverkehr nehmen zu. Der Latinisierung des amerikanischen Südens entspricht so der Amerikanisierung des mexikanischen Nordens. Während es selbst in der tiefsten mexikanischen Provinz an jeder Ecke Hot Dogs und Hamburguesos zu kaufen gibt, erweitern McDonalds und die übrigen Schnellrestaurants in Kalifornien ihr Sortiment um Tacos, Burritos und andere Mexicatessen. Symbolisch stehen die Namen zweier Städte hüben und drüben für diese Entwicklung: Mexicali und Calexico.

Vom Desperado zum Sheriff

Union City, Bay Area – Eine der seit den fünfziger Jahren stark wachsenden Städte an der San Francisco Bay. Die Miet- und Grundstückspreise waren niedriger als in den Großstädten, so daß sich viele Mexikaner in dieser Gegend niederließen. Aus den gleichen Gründen siedelten sich Industriebetriebe an, die wiederum Arbeitskräfte anzogen. Diese Entwicklung führte dazu, daß etwa in der vergleichsweise unbedeutenden Stadt San José heute mehr Menschen leben als im Stadtgebiet von San Francisco.

Union City besteht überwiegend aus kleinen Einfamilienhäusern, in denen allerdings unter Einbeziehung der Garage meist zwei oder drei Familien wohnen. Hühner gackern im Vorgarten, die Straßen sind ruhig, die Leute freundlich. Doch die Kleinbürgeridylle hat ihre Schattenseiten. Die Arbeitslosenquote für Chicanos ist fast doppelt so hoch wie die für Weiße, besonders bei Jugendlichen und Frauen. In den Randbezirken gibt es, wie überall, Alkohol- und Drogenprobleme. Polizeistreifen patrouillieren durch die Straßen. Eine hält direkt vor mir. Und wer steigt aus, groß und schlank, mit unkrautvertilgender Miene? Mit Kurzhaarschnitt, Schnauzer und verspiegelter Sonnenbrille? Wer steigt aus, in blauschwarzer Uniform und mit einer Brust wie ein Stahlschrank? Mein echter Mexikaner! Langsam schiebt er sich heraus, läßt den Blick schweifen, zupft einen Fussel von der Uniform. Sein größter Stolz ist der futuristische Keuschheitsgürtel, schwarz mit breiter Silberschnalle, bestückt mit Schlagstock, Pistole, Handschellen, Funkgerät, Messer und geheimnisvollen Accessoires. Schließlich setzt er sich in Trab, will in eine Videothek gehen und – tritt in einen Kaugummi. Und was sagt er? »Caramba!« oder »mierda!« oder »dios!«?

»Shit!« sagt er, als echter Mexikaner.

Demonstration der mexikanischen Landarbeitergewerkschaft

John Muir

Yosemite Valley

Das Tal der Täler

Der berühmteste und zugänglichste dieser tiefeinge-
schnittenen Täler, das gleichzeitig überwältigendste und
erhabenste Züge mit gewaltigen Ausmaßen vereint, ist
der Yosemite, im Stromtal des Flusses Merced, in einer
Höhe von 1300 Metern über dem Meeresspiegel gelegen. Er ist etwa sieben Meilen lang, zwischen einer
halben und einer Meile breit. Er schneidet einen Graben
von annähernd einer Meile Tiefe in die granitenen Ausläufer der Berge. Die Wände bestehen aus Felsen, so
groß wie Berge, teilweise durch weitere Canons vonein-
ander getrennt, die eine überaus ansehnliche Fassade
bilden und so massiv und harmonisch auf einer Ebene
arrangiert sind, daß das Tal, als Ganzes gesehen, den
Eindruck einer Halle oder eines Tempels macht, der
von ober her beleuchtet wird.

Kein von Menschenhand erbauter Tempel jedoch
kommt dem Yosemite gleich. Jeder Felsen in seinen
Wänden scheint vor Lebendigkeit zu erglühen. Einige
lehnen sich in majestätischer Haltung zurück. Andere
ragen annähernd tausend Fuß in die Höhe, erheben sich
über ihre gedankenversunkenen Begleiter und trotzen
Wind und Wetter ebenso willkommen wie der Ruhe vor
dem Sturm. Scheinbar wissend um all das Treiben in
ihrer Umgebung und gleichzeitig unbeteiligt stehen sie
da, ernst, in ehrfurchtgebietender, stiller Majestät. Wie
zierlich sind doch die Formen dieser Felsen, und wie
fein und ermutigend ist ihre unvergängliche Gegenwart:
ihre Füße in wunderschönen Hainen und Auen und ihre
Stirn in den Himmel gestreckt. Tausende von Blumen
gruppieren sich um ihre Sockel, in Strömen von Wasser
und Licht gebadet, während Schnee und Wasserfälle,
Wind, Steinschlag und Wolken sie jahraus jahrein mit
ihrem strahlenden Gesang umspielen und Myriaden kleiner geflügelter Kreaturen – Vögel, Bienen, Schmetter-
linge – sie freudig mit Leben erfüllen und ihnen helfen,
alle Luft in Musik zu verwandeln. Tief unten inmitten
des Tales fließt kristallklar der Merced – der gnädige
Fluß – ruhig und friedlich spiegeln sich in ihm die Lilien
und Bäume sowie die Felsen, die auf ihn herabschauen,
sowie all jene zerbrechlichen und vergänglichen Dinge,
die hier ums Überleben kämpfen und sich in zahllosen
Formen untereinander vermischen, so, als ob hier Mutter Natur in diesem ihrem einzigen Haus ihre erlesensten
Schätze versammelt hätte, um das Vertrauen und die
Nähe ihrer Liebhaber zu gewinnen und sich mit ihnen zu
vereinen.

Der Weg ins Tal

Je weiter man auf einem der alten Pfade, die seit dem
Bau der Eisenbahn nicht mehr befahren werden, von
der Stadt Merced flußaufwärts bis an die Grenze des
Yosemite-Parks wandert, desto reicher und unbändiger
werden die Wälder und Ströme. Bei 2000 Metern über
dem Meeresspiegel sind die Silberfichten 70 Meter hoch,
ihre Äste regelmäßig um den kolossalen Stamm geord-
net, und jeder Zweig ist so dicht wie frisches Farnkraut.
Die Douglasie, die Gelbe und die Zuckerpinie sowie die
braunborkige Zeder erreichen hier die Vollendung an
Schönheit und Großartigkeit.

Die majestätische Sequoia, die Königin der Nadel-

bäume, der vornehmste aller Bäume dieser vornehmen Art, ist ebenfalls hier zu finden. Diese kolossalen Bäume sind ebenso wundervoll, was ihre außergewöhnliche Schönheit und Ausgewogenheit anbelangt, wie ihre stattliche Erscheinung – eine Ansammlung von Koniferen, die alles übertrifft, was bisher in den Wäldern dieser Erde entdeckt wurde.

Hier ist das Paradies für den Liebhaber von Bäumen. Die Wälder, trocken und gesund, lassen das Licht in Form des schimmernden Wechselspiels von Sonnenschein und Halbschatten einfluten. Tagsüber wie auch nachts ist die Luft von unbeschreiblich erfrischender Würze. Satte, weiche Fichtenzweige bilden das Bett des Wanderers, und der Wind, der durch die Äste streift, singt ihm ein Schlaflied.

Auf den oberen Höhenzügen, über die diese alten Wege des Yosemite führen, macht die Silberfichte den Großteil der Wälder aus, vom äußersten Rand des Tales bis zu einer Höhe von 3000 Metern über dem Meeresspiegel. Es entsteht daher der Eindruck, daß der Yosemite, obwohl er so erstaunliche Massen blanken Granits aufweist, dennoch von großartigen Wäldern umgeben ist, und die verbreitetsten Arten von Pinie, Fichte, Kiefer und Zeder sind ebenfalls im Tal selber zu finden. »Mammutbäume« gibt es jedoch weder in diesem Tal noch in seiner Umgebung. Die nächsten befinden sich etwa zehn und zwanzig Meilen jenseits des unteren Talendes an den kleinen Nebenflüssen von Merced und Toulumne.

Claus P. Wagener

Silicon Blues

Im Tal der Halbleiter

Es war einmal ein Tal, das war berühmt für seine Schönheit und die Pflaumen, die dort wuchsen. Es lag im Süden von San Francisco, zwischen Palo Alto und San Jose und hieß Santa Clara Valley. Es hatte nicht nur ein angenehmes Klima, auch die Steuern, Lebenshaltungskosten und Grundstückspreise waren niedrig. Das Paradies lag hier zwar nicht, insbesondere nicht für die legal oder illegal dort arbeitenden mexikanischen Erntehelfer. Für die anderen rund 300000 Bewohnerinnen und Bewohner war es aber immerhin das »Valley of the Heart's Delight«.

Das war 1950. Heute heißt die Gegend »Silicon Valley«; auf einer Fläche, die kleiner ist als West-Berlin, drängen sich 1,3 Millionen Menschen und über 2000 High-Tech Unternehmen. Es ist das neuntgrößte Industriegebiet der USA, die Infrastruktur ist hoffnungslos überlastet. Mitte der achtziger Jahre wurde hier mit 30000 Dollar das höchste durchschnittliche Haushaltseinkommen der USA verdient, dafür sind aber auch die Lebenshaltungskosten in astronomische Höhen gestiegen. Grundwasser und Boden sind mit Lösungsmitteln wie Trichlorethan, Dichlorethylen und Xyol durchsetzt, deren Giftigkeit sich proportional zur Unlesbarkeit ihrer Namen verhält. Und die Zukunftsaussichten für die amerikanische Halbleiterindustrie sind nicht gerade rosig...

Selten läßt sich der Preis für den »technologischen Fortschritt« so genau erkennen wie in Silicon Valley. Denn unser heute weitgehend selbstverständlicher Gebrauch von Elektronik in Computern, Fernsehen, Telefon, Autos, Haushaltsgeräten und Maschinen am Arbeitsplatz wäre ohne die Entwicklung des Santa Clara Valley zum Silicon Valley nicht möglich gewesen.

Es begann alles Ende der dreißiger Jahre, als Frederick Termann aus Boston sich in Palo Alto niederließ und Professor für Elektronik an der dortigen Stanford University wurde. Verbünde Wissenschaft und Wirtschaft! war seine Parole, mit der er nach und nach rund 160 Hektar des Campus an Ingenieurstudenten, junge Unternehmer und Rüstungskonzerne verpachtete. Die Verbindungen zwischen dem Pentagon und der amerikanischen Computer-Industrie waren von Anfang an sehr eng. Schon seit den fünfziger Jahren hatte das Verteidigungsministerium ein großes Interesse an Forschungen auf dem Gebiet der künstlichen Intelligenz, und 1958 wurde schließlich das »Amt für fortgeschrittene Verteidigungsforschung (Defence Advanced Research Projects Agency, DARPA)« gegründet, über das seitdem eine großzügige Vergabe und Finanzierung von Forschungsaufträgen an Universitäten und private Institute läuft. Bis zur Regierungszeit Reagans förderte das DARPA vor allem die Grundlagenforschung, die nur selten kurzfristig anwendbare Forschungsergebnisse erbrachte und so den beteiligten Wissenschaftlern die Illusion ermöglichte, sie seien nicht in der Rüstungsforschung tätig. Mit dem konservativen Roll-back der achtziger Jahre konnte das Amt diese Schönfärberei dann fallen lassen, die von DARPA 1983 entwickelte »Strategic Computer Initiative« soll ganz offen die Bemühungen von Regierung, Industrie und Universitäten bei der Entwicklung einer »neuen Generation von Intelligenztechnologie« bündeln, um die »nationale Sicherheit und wirtschaftliche Stärke« der USA zu fördern. In Kalifornien sind es besonders die beiden Universitäten Stanford und die University of California in Berkeley, die sich zu Forschungszentren der Rüstungsindustrie entwickelt haben. Bei beiden reicht diese Tradition bis in die Zeit des Zweiten Weltkrieges zurück; zum Beispiel lehrte Paul Oppenheimer, der »Vater der Atombombe«, als Professor in Berkeley.

Die ersten im Santa Clara Valley waren Bill Hewlett und Dave Packard. Mit 538 Dollar und der energischen Unterstützung ihres Mentors Frederick Terman gründeten sie 1939 eine kleine Oszillatorenfabrik in Palo Alto. Das Betriebsgebäude – die Garage von Dave Packard – wurde inzwischen zum »Historical Landmark« ernannt und gilt als offizieller Geburtsort von Silicon Valley. Ins Geschäft kam die Firma durch ihren ersten Großkunden: die Walt Disney Studios. 1955 machten sie einen Umsatz von 60 Millionen Dollar, und 1958 zogen die Firmengründer mit ihrer Konzernzentrale zurück auf das Gelände der Stanford University.

1956 quartierte sich bei Frederick Terman der Erfinder des Transistors, William Shockley, ein – der im selben Jahr auch den Physik-Nobelpreis erhielt –, und gründete dort sein »Semiconductor (Halbleiter) Laboratory«. Einer seiner Mitarbeiter wurde Robert Noyce, der aus Iowa nach Kalifornien gekommen war. Ihm gelang es 1959 zum ersten Mal, einen ganzen elektrischen Schaltkreis auf einem Silicium-Chip unterzubringen: der IC (Integrated circuit), der integrierte Schaltkreis, war geboren. Mit Noyce begann das »Gesetz der Zellteilung« in der amerikanischen Computerindustrie: »Mein eigenes Talent kann ich am besten im eigenen Laden zu Geld machen, außerdem bin ich dann der Boß.« Noyce und sieben andere Ingenieure kündigten bei Shockley, besorgten sich bei der Fairchild Camara und Instrument Corporation Kapital und gründeten die Fairchild Semiconductor. Von ihr spaltete sich – wie bei der Zellteilung – die Intel ab (deren Direktor Noyce noch heute ist), und von der Intel wieder die National Semiconductor und die Advanced Micro Devices und dann die Signetics, Raytheon und Atari und so weiter und so fort. Sie alle setzten ihre Firmen zwischen die Wohnhäuser des Santa Clara Valley, für das nun immer häufiger der Name des Grundstoffs der Chip-Produktion gebraucht wurde: Silicium-Tal.

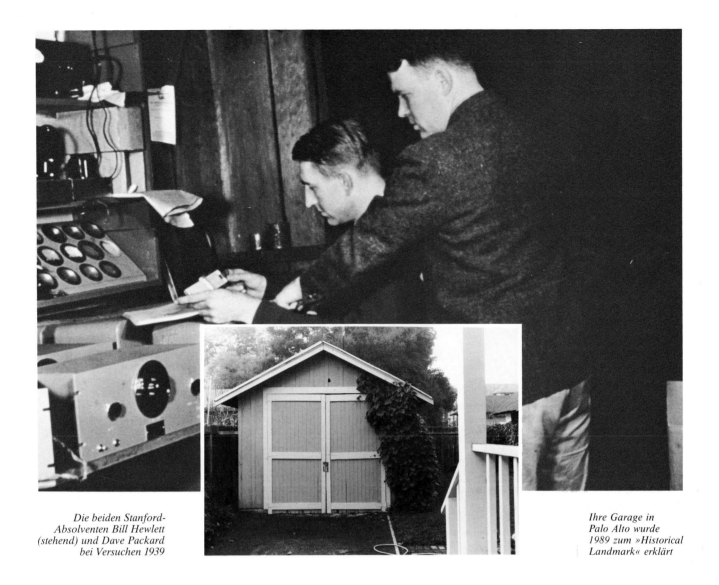

*Die beiden Stanford-
Absolventen Bill Hewlett
(stehend) und Dave Packard
bei Versuchen 1939*

*Ihre Garage in
Palo Alto wurde
1989 zum »Historical
Landmark« erklärt*

Und die Gemeinden empfingen die neuen Steuerzahler mit offenen Armen. Besonders reich waren sie nie gewesen, die große Industrie lag traditionell im Osten und Norden der USA. Die neuen Firmen der Elektronik-Industrie kamen gerne. Sie waren nicht mehr an die Fundorte von Bodenschätzen gebunden, wie etwa die traditionelle Stahlindustrie. Kalifornien bot leitenden Mitarbeitern ein weit angenehmeres Klima als der Nordosten mit seinen Wintern und der Luftverschmutzung. Dazu waren Steuern, Grundstückspreise und Lebenshaltungskosten niedrig, die Gemeinden übernahmen oft noch die Kosten für die Erschließung des Fabrikgeländes.

In den sechziger und siebziger Jahren wuchs die Halbleiterindustrie im Silicon Valley kräftig heran. Immer mehr Schaltungen konnten auf die Chips gepackt werden, nicht zuletzt zur Freude von Pentagon und NASA, die reichlich Spezialaufträge für ihre Raketen und Navigationssysteme erteilten. Der kommerzielle Durchbruch gelang mit dem Konzept des einheitlichen Standard-Chips, der von den Anwendern für die jeweiligen Zwecke individuell programmiert wurde. Dadurch war es möglich, Chips in Serie, d. h. deutlich billiger zu produzieren und damit die Elektronik für »normale« Konsumenten erschwinglich zu machen. Der Boom wurde so groß, daß die High-Tech-Industrien in der großen Struk-

turkrise und Depression der siebziger und achtziger Jahre zum ökonomischen Hoffnungsträger Nummer Eins wurden. Mochten die alten Schlüsselindustrien auch darniederliegen, die Weltführungsposition der USA bei den neuen Technologien würde Wachstum und Beschäftigung in der Zukunft sichern.

Es war die Zeit, in der ungezählte Traumkarrieren im Silicon Valley abliefen. Etwa die von Steven P. Jobs und Stephen G. Wozniak, die 1976 ebenfalls in ihrer Garage den Prototyp eines Personal Computers zusammenbastelten. Um die Einzelteile beschaffen zu können, hatten sie zuvor ihren VW-Bus verkaufen müssen. Anschließend gründeten sie Apple Computer Co. und erzielten vier Jahre später einen Umsatz von 335 Millionen Dollar. Oder Andreas von Bechtoldsheim, der Ende der siebziger Jahre aus Lindau am Bodensee zum Studium nach Kalifornien gekommen war. Im Xerox-Laboratorium der Stanford-University entwickelte er 1981 einen Kompakt-Computer. Ein Jahr später gründete er zusammen mit zwei Kommilitonen Sun Microsystems und war fünf Jahre später mehrfacher Dollarmillionär.

Die Zahl der Millionäre im Tal wird auf rund 15 000 geschätzt. Innerhalb von nur zehn Jahren entstanden hier mehr dieser Vermögen als irgendwo anders und zu irgend einem anderen Zeitpunkt in der Geschichte der

USA. Solche Karrieren verlaufen natürlich nicht im luftleeren Raum, sondern immer vor dem Hintergrund finanzkräftiger Kapitalgeber. Es sind venture capitalists (»Risikokapitalisten«), Anlageberater und Geldmanager, die ständig auf der Suche nach verheißungsvollen High-Tech-Neulingen sind und Milliarden von Dollar im Silicon Valley investiert haben. Ihr Grundsatz lautet: »Es kommt darauf an, Firmen zu entdecken, deren Produkte klar auf den Markt zugeschnitten sind.« Grundlagenforschung ist hier nicht gefragt. »High-Tech« präsentiert also nicht unbedingt den neuesten Stand der Erkenntnisse, sondern deren konsequente Vermarktung.

Hinter den schönen Karrieregeschichten wird aber leicht übersehen, daß bei weitem nicht jede Firma im Silicon Valley erfolgreich ist. Etwa ein Viertel der Unternehmen übersteht die ersten beiden Jahre nicht, ein weiteres Viertel geht später Pleite. Das dritte Viertel wird von Großunternehmen aufgekauft (die es meist auf die Fähigkeiten der Mitarbeiter abgesehen haben), und nur das letzte Viertel hat echte Überlebenschancen.

Die große Krise

1985 kam dann die große Krise des Silicon Valley. Entlassungen, Kurzarbeit und Zwangsferien häuften sich. Die Vision der glücklichen High-Tech-Gesellschaft wurde schwer erschüttert.

Was war passiert? Die Attraktivität des Industriestandortes Silicon Valley hatte schon zu Beginn der achtziger Jahre nachgelassen. Die Überfüllung des Tales hatte zu astronomischen Grundstückspreisen geführt und die Infrastruktur an den Rand des Zusammenbruchs gebracht. Vor allem aber waren die Lebenshaltungskosten in unbezahlbare Höhen geklettert, so daß qualifiziertes Fachpersonal kaum noch anzuwerben war. Es begann der Exodus aus dem Silicon Valley; viele Unternehmen verlagerten immer mehr Produktionsstätten und einzelne Abteilungen in andere Bundesstaaten, vorzugsweise nach Oregon und Washington State. Erleichtert wurde dies dadurch, daß die Größe von Elektronic-Produkten in der Regel so gering ist, daß die Transportkosten im Verhältnis zum Warenwert nur eine untergeordnete Rolle spielen.

Die Krise Mitte der achtziger Jahre hatte aber noch wesentlich schwerwiegendere Ursachen. Einmal war da der Zusammenbruch des Heim-Computer-Marktes in den USA, das neue Lieblingsspielzeug war Video. Zum zweiten machte sich jetzt bemerkbar, daß in den USA seit 1970 die Grundlagenforschung immer mehr zugunsten der Produktentwicklung vernachlässigt worden war, auch die Universitäten klagten schon seit langem über sinkende staatliche Zuschüsse und die abnehmende Zahl von Forschungsaufträgen aus der Industrie. Der Forschungs- und Entwicklungsaufwand der USA, der 1963 noch drei Prozent des Bruttosozialproduktes betragen hatte, war zu Beginn der achtziger Jahre auf 2,2 Prozent gesunken. Überproportional zugenommen hatten die staatlichen Zuschüsse für militärische Forschungen, was sich unter der Regierung Reagan – besonders beim SDI-Programm – noch verstärkte. So hatten etwa 1984 69 Prozent aller von der Bundesregierung finanzierten Forschungen militärische Anwendungszwecke, die angewandte Computerforschung wurde sogar zu 87 Pro-

zent vom Pentagon bezahlt. Diese Aufträge wurden von den Unternehmen zwar gerne angenommen, brachten aber große Probleme mit sich: Die Forschung mußte so geheim gehalten werden, daß sie für kommerzielle Produkte meist nicht verwendbar war. Zudem nahmen die Exportbeschränkungen der Regierung für elektronische Produkte in den achtziger Jahren fast schon neurotische Züge an.

Während etwa die Japaner neue und schnelle Produktionsmethoden entwickelten, waren die amerikanischen Elektronik-Firmen mit der Entwicklung von nicht vermarktbaren militärischen Produkten beschäftigt. 1985 kam dann auch eine von Präsident Reagan eingesetzte Untersuchungskommission unter der Leitung von Hewlett-Packards Chef John Young zu dem Ergebnis, daß die Krise der High-Tech-Branche daher rühre, daß die Vereinigten Staaten zuviel Geld in die militärische und zu wenig in die zivile Forschung investieren und bei moderner Fertigungstechnik weit hinter den Japanern zurücklägen. Die starke Staatsverschuldung habe die Kreditzinsen so in die Höhe getrieben, daß den Unternehmen bei Modernisierungsinvestitionen schnell die Luft ausgehe.

Dies alles hatte dazu geführt, daß japanische Firmen bei der Serienproduktion von Speicherchips mittlerweile einen riesigen technologischen Vorsprung hatten. Schon seit 1973 hatten deshalb die amerikanischen Chip-Hersteller ihre Produktion nach und nach eingestellt. Der hohe Dollar-Kurs brachte den Japanern erhebliche Preisvorteile, die sie durch Dumping (Verkauf unter den Herstellungskosten) noch ausbauten. Dies war dann das Ende der Chip-Produktion im Silicon Valley. Der Marktanteil japanischer Speicherchips in den USA stieg auf 75 Prozent, zum Schluß mußte sogar das Pentagon mit japanischen Bauelementen bestückte Militärelektronik kaufen.

The dark side of the chip

In den achtziger Jahren trat noch etwas anderes in das Bewußtsein der Öffentlichkeit: Die scheinbar so saubere Produktion in den Fabriken der Elektronik-Industrie ist eine verdammt schmutzige Angelegenheit. Aber das ist nicht das Problem der Techniker und Ingenieure mit ihren flexiblen Arbeitszeiten, guten Aufstiegschancen und genug Zeit für das firmeneigene Fitneßcenter. Die Geschichte des Silicon Valley ist nicht nur die Story der Hewletts, Packards, Jobs, Wozniaks und Bechtoldsheimers, sondern vor allem die von Hunderttausenden von Frauen, die die Dreckarbeit der Chip-Produktion zu machen haben. Ihre Jobs gehören zu den schlechtbezahltesten Industriearbeiten in den USA und bieten zudem praktisch keine Aufstiegschancen. Sie hantieren mit Giftgasen bei der Verarbeitung des Siliciums, mit Säuren und Lösungsmitteln bei der Chip-Herstellung.

Arbeitsunterbrechungen wegen ausströmender Gase in den »Clean-rooms«, den ultra-sauberen Produktionsräumen der Chips, gehören zu ihrem Alltag. Doch gründliche Reparaturen sind selten, denn eine Minute Produktionsausfall kostet eine Firma 1000 Dollar. »Wir begriffen, daß der göttliche, der allmächtige Chip wichtiger war als alles andere«, sagt Nancy Hawkes, eine der Betroffenen. Vergiftungen und Verätzungen sind die Folgen, und diese Industrie kommt jetzt in ein Alter, in

dem Spätfolgen bei den Arbeiterinnen und Arbeitern sichtbar werden.

Zur Geschichte von Silicon Valley gehören aber auch Armanda Hawes, Ted Smith und Lorraine Ross von der Silicon Valley Toxics Coalition. Sie deckten 1982 auf, daß bei einer Vielzahl von Firmen giftige Säuren aus durchgerosteten Tanks ins Erdreich gesickert waren und das Trinkwasser vergiftet hatten. 23 öffentliche und 43 private Brunnen waren verseucht worden. Wo das Wasser verseucht war, gab es überdurchschnittlich viele Tot-, Miß- und Fehlgeburten. Für Robert Noyce waren die Schuldigen schnell gefunden: »All diese Probleme sind nicht real: Sie sind eine Erfindung der Gewerkschaften!«

Das war ein weiterer Vorteil für die Ansiedlung von Firmen in Kalifornien gewesen: Die Gewerkschaften waren hier kaum organisiert. Bevor eine Gewerkschaft in einem amerikanischen Betrieb aktiv werden kann, müssen Anerkennungs-, und nach einiger Zeit auch Bestätigungswahlen stattfinden. Dies gibt den Unternehmern von neugegründeten Firmen natürlich gute Chancen, ihre Betriebe gewerkschaftsfrei zu halten, und auch die neuen High-Tech-Stars sind in ihren Methoden nicht zimperlich: von der Entlassung einzelner Arbeiterinnen oder Arbeiter über die Drohung mit der Betriebsschließung, Propaganda-Aktionen, kleine Verbesserungen am Arbeitsplatz, Verschleppung von Tarifverhandlungen, bis hin zur Beschäftigung von »professional union busters« – Experten, die innerhalb der Belegschaft Anti-Gewerkschaftskampagnen organisieren. Im Silicon Valley hält der Verband der Elektronikindustrie regelmäßig Seminare zur Gewerkschaftsbekämpfung ab und informiert Unternehmensleitungen über gewerkschaftliche Aktivitäten. Und welche Mitarbeiterin braucht noch eine Gewerkschaft, wenn sie einen so tollen Firmenausweis wie bei Intel bekommt: »You are somebody« steht in großen Lettern darauf.

Die Arbeit der Gewerkschaften wird im Silicon Valley noch zusätzlich dadurch erschwert, daß viele Arbeiterin-

nen häufig ihren Job wechseln oder gerade erst aus Mexiko oder Asien eingewandert sind – etwa 20 Prozent von ihnen sind sowieso Illegale und bilden damit eine ideale »Reservearmee« für die Arbeitgeber.

Die amerikanischen Unions haben in den letzten Jahrzehnten schwere Einbußen hinnehmen müssen. Denn gleichzeitig mit dem Aufstieg der neuen Wachstumsindustrien wie Rüstung, Raumfahrt, Chemie, Elektronik und Computer im Süden und Südwesten der USA, wo sie bisher kaum Fuß fassen konnten, erfolgte der Niedergang der traditionellen Schwer- und Metallindustrien im Nordosten des Landes, wo die Belegschaften recht gut organisiert waren. Während nach dem Zweiten Weltkrieg 35 Prozent aller Beschäftigten einer Gewerkschaft angehörten, waren es 1980 – zu Beginn der Amtszeit Reagans – nur noch 25 Prozent, und zur Zeit ist die Zahl auf nur 17 Prozent gesunken.

Dead end

Inzwischen herrscht im Silicon Valley wieder bescheidener Optimismus. Nachdem noch die Reagan-Regierung erfolgreich durch Strafzölle auf japanische Produkte gegen die Dumping-Preise bei Chips vorgegangen ist, haben einige amerikanische Firmen die Chip-Produktion wieder aufgenommen.

Und wenn sie nicht gestorben sind...? Das alte Santa Clara Valley ist schon lange tot. Über die Zukunft des Silicon Valley sagt Stephen Wozniak, der sich im Alter von 34 Jahren mit 50 Millionen in der Tasche aus dem Elektronikgeschäft zurückgezogen hat: »Bald wird es hier so aussehen wie in Los Angeles. Ein Suburb-Brei, schäbiger Häusermüll, durchzogen von Highways, auf denen die Autos nur so dahinkriechen.« Und die Fairchild Semiconductor, die neben Hewlett und Packard die zweite Ahnherrin aller Firmen im Silicon Valley ist, wurde schon 1987 von Fujitsu gekauft.

Mark Twain
Lake Tahoe

Wenn es ein glücklicheres Leben geben sollte, als wir es in den folgenden zwei oder drei Wochen auf unserer Waldranch führten, muß es eines sein, von dem ich bisher weder gelesen noch es aus eigener Erfahrung kennengelernt habe. Während dieser Zeit sahen wir außer uns keinen Menschen und hörten keine Geräusche, außer denen von Wind und Wellen, dem Seufzen der Kiefern und dann und wann in der Ferne dem Grollen einer Lawine. Der Wald ringsum war dicht und kühl, der Himmel über uns wolkenlos und strahlte vor Sonnenlicht, der breite See vor uns war je nach den Launen von Mutter Natur glasklar und glatt, gekräuselt, rauh oder schwarz und sturmgepeitscht. Der umschließende Kranz waldbedeckter, durch Erdrutsche zerfurchter, von Canyons und Tälern gespaltener, mit glitzerndem Schnee gekrönter Berggipfel gab dem prachtvollen Gemälde den passenden Rahmen und Abschluß. Dieser Anblick war in jedem Augenblick faszinierend, bezaubernd und berückend. Nie ermüdete er das Auge, weder bei Tag noch bei Nacht, bei Windstille oder Sturm; es hatte nur einen Kummer, daß es nämlich nicht unentwegt schauen konnte, sondern sich manchmal zum Schlaf schließen mußte.

Wir schliefen im Sand dicht am Ufer zwischen zwei schützenden Felsblöcken, welche die stürmischen Nachtwinde von uns abhielten. Ein Schlafmittel brauchten wir nie. Beim ersten Morgengrauen waren wir stets auf den Beinen und machten Wettläufe, um überschüssige Körperkräfte und überbordende Lebenslust loszuwerden. Das heißt, Johnny tat es – ich hielt solange seinen Hut. Während wir nach dem Frühstück die Friedenspfeife rauchten, sahen wir zu, wie die Wache haltenden Gipfel sich mit Sonnenglanz überzogen, und verfolgten den Eroberungszug des Lichts, das hinabströmte in die Schatten und die gefangenen Klippen und Wälder befreite. Wir beobachteten, wie im Wasser die farbigen Spiegelbilder wuchsen, sich erhellten, bis jede kleinste Einzelheit von Wald, Steilwand und Gipfel eingearbeitet und vervollständigt war und das zauberhafte Wunder seinen Abschluß fand. Dann gingen wir an unser »Tagewerk«.

Dies bestand darin, daß wir uns im Boot treiben ließen. Wir befanden uns am nördlichen Ufer. Dort sind die Felsen auf dem Grund des Sees manchmal grau und manchmal weiß. Hier kommt die wunderbare Durchsichtigkeit des Wassers besser zur Geltung als an irgendeiner anderen Stelle des Sees. Gewöhnlich ruderten wir ungefähr hundert Yard vom Ufer weg, dann legten wir uns auf den Ruderbänken in die Sonne und ließen das Boot stundenlang ziellos treiben. Wir sprachen selten. Das unterbrach die sonntägliche Stille und störte die Träume, die beim genüßlichen Ruhen und Faulenzen aufstiegen. Die gesamte Uferlinie wurde durch tiefe, geschwungene Buchten und Einschnitte gebrochen, die von schmalen sandigen Stränden gesäumt wurden. Gleich hinter dem Strand strebten die steilen Berghänge gen Himmel – wie eine gewaltige Wand, fast senkrecht und dicht bewaldet mit schlanken Kiefern.

Das Wasser war so einzigartig klar, daß sich bei einer Tiefe von nur zwanzig, dreißig Fuß der Grund so deutlich erkennen ließ, und unser Boot in der Luft zu schweben schien! Ja, selbst dort, wo es *achtzig* Fuß tief war. Jeder kleine Kiesel war zu sehen, jede gesprenkelte Forelle, jede Handbreit Sand. Wenn wir auf den Gesichtern lagen, schien es oft, als steige ein Granitblock von der Größe einer Dorfkirche vom Grund nach oben, und er schien sich sehr schnell der Oberfläche zu nähern, bis er schließlich unsere Gesichter zu berühren drohte und wir die Regung nicht unterdrücken konnten, zum Ruder zu greifen und die Gefahr abzuwenden. Doch das Boot trieb weiter, und der Block sank wieder hinab, und dann stellten wir fest, daß er, als wir uns direkt über ihm

befunden hatten, doch zwanzig oder dreißig Fuß unter der Wasseroberfläche gewesen sein mußte. Die Durchsichtigkeit bis in große Tiefen machte es möglich, daß das Wasser ganz unten nicht bloß einfach durchsichtig war, sondern blendend, funkelnd, klar wie ein Brillant. Alle Gegenstände gewannen dadurch eine strahlende, starke Lebendigkeit, nicht nur der Umrisse, sondern auch in den kleinsten Einzelheiten, die sie nicht gehabt hätten, wenn sie auf dieselbe Entfernung durch die Luft betrachtet worden wären. Die Räume unter uns kamen uns wie ein leerer Äther vor, und das Gefühl, hoch oben im Nichts zu schweben, war so stark, daß wir diese Bootsfahrten »Ballonreisen« nannten.

Wir angelten viel, fingen aber noch nicht einmal einen Fisch im Laufe der Woche. Wir konnten die Forellen zu Tausenden in der Leere unter uns herumspielen oder in Untiefen am Grund schlafen sehen, aber sie bissen nicht an – vielleicht weil sie die Angelschnur zu deutlich sehen konnten. Häufig suchten wir uns die Forelle aus, die wir

haben wollten, und ließen den Köder in achtzig Fuß Tiefe direkt vor ihrem Maul baumeln, geduldig und beharrlich, doch sie wedelte ihn nur unwillig fort und wechselte den Standort.

Zuweilen badeten wir auch, doch das Wasser war ziemlich eisig, wenn es auch so sonnig aussah. Manchmal ruderten wir ein, zwei Meilen vom Ufer weg ins »blaue Wasser«. Dort war es wegen seiner ungeheuren Tiefe so tiefblau wie Indigo. Nach offiziellen Messungen ist der See in seiner Mitte eintausendfünfhundertundfünfundzwanzig Fuß tief!

An müßigen Nachmittagen fläzten wir uns manchmal in den Sand, rauchten Pfeife und lasen ein paar alte zerlesene Schwarten. Abends am Lagerfeuer spielten wir zur geistigen Stärkung Euchre und Seven-up – mit so verdreckten und abgewetzten Karten, daß nur die sommerlange Vertrautheit mit ihnen den Anfänger instand setzte, das Kreuz-As vom Karo-Buben zu unterscheiden.

Bruce Barthol

Kunst und Anarchie
am Rande des Abgrunds

Eine andere Geschichte San Franciscos

Zuerst wurde San Francisco übersehen, als einige der größten europäischen Entdecker, Männer wie Cabrillo, Drake und Vizcaino, schnurstracks an der Bucht vorbeisegelten. Erst 1769 wurde der Ort durch das Fernrohr eines Seefahrers anvisiert. Wie es der ehrwürdigen Tradition der Entdeckungen entspricht, geschah dies, als jemand eigentlich nach Monterey segeln wollte. Die beiden Symbole des spanischen Imperialismus wurden im Jahre 1776 errichtet, als man eine Kirche und ein Fort baute. Die Volkszählung von 1798 verzeichnete in Fort Presidio 206 Einwohner weißer Hautfarbe und 625 Indianer im Kirchsprengel. Im Laufe der nächsten Jahrzehnte nahm die Bevölkerungszahl aufgrund der mildtätigen Herrschaft Spaniens ab, die dafür sorgte, daß die stattliche Zahl der Ureinwohner Kaliforniens um etwa die Hälfte dezimiert wurde.

Als wertlosester und isoliertester Außenposten des in Auflösung begriffenen spanischen Weltreiches erhielt Kalifornien nur wenig Beachtung. Im Jahre 1822 wurde es zu einem abgelegenen Bestandteil der neuen Republik Mexiko. Das erste private Wohnhaus wurde 1835 errichtet – aus vier Stück Redwood-Holz und einem Segeltuch.

Das Interesse der Vereinigten Staaten an Kalifornien beschränkte sich zunächst auf die Pelze von Seeottern und Seehunden, die nahezu ausgerottet wurden. Aber im Zuge des selbstformulierten göttlichen Auftrages der »Manifest Destiny« mußte Mexiko nach dem Krieg gegen die USA im Jahre 1848 Kalifornien im Friedensvertrag von Guadalupe Hidalgo an die USA abtreten. Zufällig, und ohne daß dies den Unterzeichnern des Vertrages bekannt war, hatte man neun Tage vorher Gold in den Ausläufern der Sierras gefunden.

Die Nachricht von diesem Fund verbreitete sich nicht sofort. Es dauerte einige Monate, bis ein Geschäftsmann, ein abtrünniger Mormone, der zwischenzeitlich geschickt alle Ausrüstungsgegenstände für Bergbauzwecke aufgekauft hatte, die Nachricht in den Schlagzeilen seiner in San Francisco erscheinenden Zeitung verkündete. Der Goldrausch hatte begonnen. Über Nacht wurde San Francisco zu einer Groß- und Weltstadt, die es schaffte, in einem einzigen Jahr so zu wachsen, wie es anderswo in fünfzig Jahren geschah. Von einer Einwohnerzahl von 800 im Jahre 1848, von denen die Mehrzahl sich sofort auf den Weg machte, nach Gold zu graben, wuchs die Stadt auf 35 000 Einwohner im Jahre 1850.

Die erste Welle der Goldsucher kam aus Mexiko, Oregon, Peru, Chile und Hawaii; die zweite stammte aus den Vereinigten Staaten, Europa und China. Sie landeten in einem Land ohne Regierungssystem (der Kongreß der Vereinigten Staaten, der wegen des Konflikts um die Sklaverei gelähmt war, hatte keinerlei Regelungen für eine Verwaltung des Territoriums Kaliforniens getroffen). Was an Staatsgewalt existierte, wie etwa die US Armee, löste sich im Nu auf, weil die Soldaten desertierten, um Gold zu suchen. Truppen, die als Ersatz geschickt wurden, desertierten ebenfalls sofort. Achthundert Schiffe lagen in der Bucht von San Francisco vor Anker, deren Besatzungen alle im Goldfieber von Bord gegangen waren. Die Goldgräber schufen sich in den Grubenstädten ihre eigenen Regierungsstrukturen, um ihre Schürfrechte zu sichern und um alle Nichtweißen zu verdrängen. Die ersten, die vertrieben wurden, waren die Indianer, dann folgten die Mexikaner und schließlich die Chinesen und andere Asiaten. Hier wurde ein Teufelskreis des Rassismus geschaffen, der Kalifornien hundert Jahre lang plagen sollte.

Binnen fünf Jahren wurde San Francisco als Finanzmarkt ein ernstzunehmender Konkurrent für New York und für Boston als Kulturhauptstadt. San Francisco verzeichnete das höchste Einkommen pro Kopf aller amerikanischen Städte. Was sich an Kultur nicht vor Ort produzieren ließ, wurde einfach importiert: 1851 fand die erste Opernpremiere statt. Binnen zehn Jahren wurden allein in San Francisco 132 Zeitschriften neu gegründet, die an Auflagenhöhen und Vielfalt New York und London übertrafen. 1859 gab es in der Stadt zwölf Tageszeitungen und eine ganze Reihe literarischer Magazine. Die Presse von San Francisco war berühmt berüchtigt und weder vom guten Geschmack noch vom Gesetz gegängelt. Fehden, die auf den Zeitungsseiten begonnen wurden, nahmen nicht selten ihren Ausgang in Schießereien. (Dies verwunderte wenig, wenn man bedenkt, daß zwischen 1850 und 1856 in San Francisco 1400 Morde belegt sind.) Es waren die Schreibenden, die den ersten Beitrag San Franciscos zur Kultur und Gegenkultur schufen: die Literatur des Westens.

Als der Goldrausch abebbte, entdeckte man Silber in Nevada. Der neue Zustrom von Reichtum festigte den Übergang San Franciscos von der Boomtown zur Metropole. Außerdem verschaffte er Mark Twain den ersten Auftrag als Reporter. Als er im Jahre 1864 von Virginia

Zelte am Telegraph Hill in San Francisco während des Goldrausches

City nach San Francisco zog, traf er Bret Harte, dessen Erzählungen aus den Goldgräbercamps weltberühmt werden sollten. Harte war Herausgeber einer Zeitung in Arcata gewesen, einer Stadt nördlich von San Francisco, aber man hatte ihn aus der Stadt gejagt, als er in seinen Leitartikeln scharf gegen ein nahe der Stadt verübtes Massaker an 60 unbewaffneten Indianern protestiert hatte. Sein Gedicht »Heathen Chinee« wandte sich gegen die Verfolgung der Chinesen und war eines der wenigen Zeugnisse gegen Rassismus.

Twain seinerseits wurde zu einem der größten Schriftsteller Amerikas, ein Meister des volkstümlichen Epos der Frontier; sein Werk sorgte dafür, daß sich das Zentrum der amerikanischen Literatur aus Neuengland in den Westen verlagerte. Harte, der zu seiner Zeit der populärste Autor des Landes war, gelang es nicht über seine Erzählungen aus den Goldgräbercamps hinauszugehen, so daß er zuletzt nach England zog, wo die Ära des Goldrausches unverändert exotisches Anziehungspotential besaß. Als dritter Literat ist Joaquin Miller zu nennen, der während des amerikanischen Bürgerkrieges eine pazifistische Zeitung in Oregon herausgegeben hatte. Seinen Vornamen verdankte Miller seinem Gedicht auf den legendären kalifornischen Banditen Joaquin Murieta. In jener Zeit des Völkermordes an den Indianern lebte Miller mit seiner Tochter, deren Mutter eine Indianerin war, auf seiner ausgedehnten Ranch in den Hügeln von Oakland.

Oligarchie und Wirtschaftskrise

Im späten neunzehnten Jahrhundert wurde Kalifornien von einem Eisenbahnkartell beherrscht. Während langer Jahre schlimmer Wirtschaftskrisen dominierte es sowohl die politischen Parteien als auch das Landesparlament, die Bundesregierung und den Obersten Gerichtshof. In dieser Zeit entstand in Kalifornien, und insbesondere in San Francisco, auch eine neue sozialkritische Literatur: Henry George, Ambrose Bierce und Frank Norris, sie alle arbeiteten für Zeitungen in San Francisco. Georges 1879 erschienenes Buch »Progress and Poverty« war eine seinerzeit berühmte Polemik gegen den Monopolkapitalismus. Die in dem Buch vorgetragene Forderung nach einer einzigen Steuer auf Land-

besitz rief bedeutende politische Bewegungen in den USA und England ins Leben. Bierce, der vor allem wegen seiner Geschichten über den amerikanischen Bürgerkrieg berühmt wurde, verfaßte regelmäßige Kolumnen, deren beißende Satire dazu beitrug, den Eisenbahngesellschaften eine der wenigen Niederlagen im US Kongreß beizufügen, die sie je einzustecken hatten. Bierce war ebenso wie Twain und Harte ein Verächter und Kritiker staatlicher Autorität und der Kultur des 19. Jahrhunderts allgemein. Der literarische Ruf von Frank Norris basiert vor allem auf den Romanen »McTeague, a Story of San Francisco«, dem ersten nennenswerten Zeugnis des Naturalismus in der amerikanischen Literatur, und »The Octopus, a Story of California«, der enthüllte, wie die Eisenbahngesellschaften die Farmer Kaliforniens im Würgegriff hielten.

Korruption und Beben

Seit den Tagen des Goldrauschs war San Francisco auch immer eine Stadt der Arbeiterbewegung gewesen. Die Workingman's Party (die gleichermaßen gegen Arbeitgeber wie Chinesen agitierte!) war in den siebziger Jahren des vorigen Jahrhunderts kurz an der Macht gewesen, und die Populist Party, die einen scharfen Kurs gegen die Industriemonopole steuerte, hatte 1894 die Bürgermeisterwahlen gewonnen. Wie in den meisten amerikanischen Städten war die Stadtverwaltung auf der einen Seite völlig korrupt, und auf der anderen Seite herrschte bei den Reformbewegungen ein stetes Auf und Ab. Einer der Reformpolitiker beging den Fehler, im Jahre 1901 bei einem Streik der Transportarbeitergewerkschaft »Teamsters« die Streikbrecher unter den Schutz der städtischen Polizei zu stellen. Der politische Gegenschlag brachte die Union Laber Party an die Regierung. Diese Partei, die ursprünglich keinerlei Unterstützung der Gewerkschaften fand, war letztlich die Schöpfung von Abe Reuf, einem Parteibonzen der Republikaner. Reuf war ein politisches Genie, dessen Motto lautete: »Die Psychologie der Masse der Wähler entspricht der einer Horde kleiner Gassenjungen.«

San Francisco blieb eine Zusammenballung verschiedener Nationalitäten und Sprachen, wobei die Iren und die Chinesen jeweils etwa zwanzig Prozent Bevölke-

sah man als Unterhaltungsprogramm die Gerichtsverfahren gegen die Leute, die an der Spitze der Stadtverwaltung gestanden hatten. Im Jahre 1915 war man so weit, daß die Stadt die Pan-America Ausstellung beherbergte, die unter anderem ein neues Museum schuf und die kleine, aber lebendige Kunstszene San Franciscos mit dem französischen Impressionismus konfrontierte.

Der rote Jack

Jack London wurde in San Francisco geboren und wuchs in der Hafengegend rund um Oakland auf. Als er fünfzehn Jahre alt war, arbeitete er als ein Austernpirat, die die Austernfarmen der Bay plünderten. Mit siebzehn Jahren heuerte er als Matrose zum Seehundfang an. 1897, mit 21 Jahren, beteiligte er sich am Goldfieber im Klondike in Alaska. Und binnen weniger Jahre wurde er zum bekanntesten, polulärsten und bestbezahlten Schriftsteller der Welt, der obendrein ein klassenbewußter Proletarier und militanter Sozialist war.

Die ersten fünfzehn Jahre nach der Jahrhundertwende erlebten nicht nur die Geburt des amerikanischen Imperialismus, sie waren auch die erfolgreichsten Jahre der sozialistischen Bewegung in den USA. Die Sozialistische Partei, für die Jack London bei den Bürgermeisterwahlen in Oakland kandidierte, erzielte eindrucksvolle Wahlergebnisse, und die anarchosyndikalistische Gewerkschaft der »Industrial Workers of the World« (IWW) galt in ganz Kalifornien als das Schreckgespenst der Revolution. London verließ die Sozialistische Partei, als diese sich, was ihr stets Ehre machen wird, gegen den Eintritt der USA in den Ersten Weltkrieg aussprach. Allerdings brachte die hurrapatriotische Reaktion die meisten Führer der Sozialisten und zahlreiche Mitglieder der IWW ins Gefängnis, womit die radikale Bewegung zerschlagen wurde. Tom Mooney, Gewerkschaftsführer in San Francisco, wurde unter falschen Anschuldigungen verhaftet und verurteilt, die Gewerkschaftsbewegung in der Stadt beinahe völlig aufgelöst. Jack London zog sich auf seinen Landsitz im Valley of the Moon, nördlich der Stadt, zurück, wo er dem Alkohol verfiel und an einer Überdosis Morphium starb.

Die Gewerkschaftsbewegung meldete sich 1934 mit Macht zurück, inmitten der Jahre der Roosevelt-Regierung, die von der Weltwirtschaftskrise überschattet, aber, was die Gesetzgebung angeht, gewerkschaftsfreundlich war. Der Generalstreik, als dessen wichtigster Sprecher Harry Bridges von der linken Gewerkschaft der Hafenarbeiter fungierte, legte San Francisco vier Tage lang völlig lahm.

John Steinbeck veröffentlichte damals eine Chronik der faschistischen Methoden in den Feldern der Agrarfabriken des Central Valley und schrieb dann seinen Klassiker »Früchte des Zorns«. William Saroyan schrieb über die Armut und Hoffnung seiner Kindheit im Central Valley, und proletarische Autoren wie Mike Quinn nahmen im »Daily Worker« kein Blatt vor den Mund. Der mexikanische Künstler Diego Rivera kam nach San Francisco und beflügelte die Wandmaler und andere sozialkritische Künstler, die, wie die übrigen Maler, Schauspieler und Schriftsteller dank der Hilfsprogramme des New Deal überleben konnten. Noch heute sind einige der Wandbilder der dreißiger Jahre im City College, im Coit Tower und im Postamt des Rincon Annex zu sehen.

Am Morgen des 17. April 1906

rungsanteil ausmachten. Die Iren hatten selbst jahrelange Diskriminierung und Verfolgung erlebt, und so lag es nahe, daß sie sich an die Spitze der Kampagnen gegen die Chinesen stellten. Unter Benutzung derselben Formel, die Ronald Reagan achtzig Jahre später benutzen sollte, fand Reuf einen Bürgermeisterkandidaten, der gut aussah und nie einen eigenen Gedanken vertrat. Gemeinsam mit ihm regierte Reuf die korrupteste Stadtverwaltung der mit vielen Skandalen gekennzeichneten Geschichte San Franciscos. Die Korruption war ein offenes Geheimnis, da täglich neue Enthüllungen in den Spalten der Zeitungen zu finden waren; trotzdem bedurfte es eines Zeichens höherer Gewalt, ehe die Stadtverwaltung stürzte.

Das Erdbeben, das im April 1906 die Stadt erschütterte, war schlimm genug. Aber es war das ausgebrochene Großfeuer, das die Stadt in Schutt und Asche legte und Hunderte von Todesopfern forderte. Die Schuld an dem Feuer traf die korrupte Stadtverwaltung, die die schadhaften Wasserleitungen hatte legen lassen, die eine Bekämpfung des Feuers verhinderten. Der Wiederaufbau der Stadt geschah mit all der Energie, die den Goldrausch gekennzeichnet hatte, und in den nächsten Jahren

Die Beat Ära

Der Zweite Weltkrieg brachte eine halbe Million Menschen in den Großraum San Francisco und Oakland, die in der Rüstungsindustrie Arbeit fanden. Zahlreiche Schwarze zählten zu den Neuankömmlingen. San Francisco wurde zur Drehscheibe des Kriegsschauplatzes im Pazifik, denn Hunderttausende von Soldaten und Marinesoldaten machten hier Zwischenstation. Nach ihrer Rückkehr beschlossen Tausende von ihnen, ihren Wohnsitz in der Stadt zu nehmen. Das relativ freizügige Klima San Franciscos war insbesondere für viele Homosexuelle attraktiv, die aus der Armee entlassen worden waren und es vorzogen, nicht wieder in die enge Welt ihrer Heimatorte zurückzukehren.

Mit dem Kriegsende begannen antikommunistische Hexenjagden, deren Echo überall in den USA zu spüren war. Die Regierung versuchte Harry Bridges unter der Anklage der Mitgliedschaft in der Kommunistischen Partei in sein Heimatland Australien zu deportieren; dies mißlang mangels Beweisen vor Gericht, und die Hafenarbeitergewerkschaft ILWU blieb unverändert eine forschrittliche Gewerkschaft und ein Machtfaktor in der Stadt. Hochangesehene Wissenschaftler wehrten sich gegen die Einführung eines Treueeides an der University of California in Berkeley und gaben so einen Anstoß für den Widerstand gegen die antikommunistische Politik. Diese prominenten Vertreter liberalen Denkens zogen gleichgesinnte Köpfe an.

In den späten vierziger Jahren traf sich eine wichtige Gruppe von Dichtern in San Francisco. Robert Duncan und William Emerson kamen in den Zirkeln der Pazifisten und des philosophischen Anarchismus zusammen. Kenneth Rexroth verkündete die San Francisco Rennaissance. Der abstrakte Expressionismus fand eine fruchtbare Heimstatt am San Francisco Art Institute und brachte Maler wie Richard Diebenkorn, Hassel Smith und Frank Lobdell hervor. Darius Milhaud und Arnold Schönberg kamen und unterrichteten, und die Bay Area wurde zu einem wichtigen Ort für moderne und experimentelle Musik.

Mitte der fünfziger Jahre zog die kulturelle Freigeisterei San Franciscos noch mehr Schriftsteller und Künstler an, und im Jahre 1956 verschafften die Veröffentlichung von Jack Kerouacs »On the Road« und Allen Ginsberg »Howl« den Bohemiens der Beatszene des italienischen Stadtteils North Beach einige Berühmtheit. Mit Lawrence Ferlinghettis Buchladen City Lights, dem Co-existence Bagel Shop und Bop City als zentralen Bezugspunkten wurden die Beats (in deren Namen der Beat der Jazzschlagzeuger ebenso anklingt wie das Niedergeschlagensein des beaten down und die Glückseligkeit der beatitude) zu den Kulturrebellen der konformistischen fünfziger Jahre. Die Beats schufen Kunst aus gefundenen Objekten, verwarfen die Genregrenzen von Jazz und Poesie und schufen generell ein Klima der Nonkonformität, das die klassischen Standards der schönen Künste herausforderte. Es entstand eine West Coast Jazzszene, in der Leute wie Vince Guiraldi, Cal Tjader und Dave Brubeck den Ton angaben.

Im Jahre 1960 gab es studentische Proteste gegen Vorladungen des Kongreßausschusses, der antikommunistische Gesinnungsschnüffelei betrieb. Die Demonstration wurde zwar von der Polizei aufgelöst, doch half der Protest, das Ende der Hexenjagd einzuläuten.

Friedensdemonstration in den 60er Jahren

Gleichzeitig war er mit der Bürgerrechtsbewegung in den Südstaaten einer der Auslöser für die Geburt einer neuen radikalen Studentenbewegung.

Flower Power

Die Berühmtheit der Beat Scene besiegelte ihren Niedergang. Die Mieten in North Beach stiegen, und bald gab es mehr Touristen, die gekommen waren, die Beats zu bestaunen, als Beats. Aber auch ohne einen geographischen Mittelpunkt wuchs die Kunstszene, brachte sie avantgardistische Filmemacher und Theatergruppen wie den »Actors Workshop« und die »San Francisco Mime Troupe« hervor. Clubs wie das »Hungry I« beherbergten Sozialsatiriker wie Mort Sahl und The Commitee und wurden die Auftrittsorte der zunehmend linksorientierten Folk- und Protestmusik. Die Bürgerrechtsbewegung vor Ort wurde stärker, machte mit ihren Sit-ins und Forderungen nach fairen Einstellungsbedingungen von sich reden und führte zu vielen Verhaftungen. Im Herbst des Jahres 1964 wurde den Studenten der University of California Berkeley plötzlich untersagt, sich auf dem

Black Power: Eldridge Cleaver

Universitätsgelände politisch zu betätigen. Das Free Speech Movement, das sich als Antwort formierte, erschütterte die Universität und sorgte für landesweite Schlagzeilen. Die studentischen Forderungen wurden durchgesetzt, aber es gab eine Welle der konservativen Reaktionen, die im Jahre darauf den Wahlsieg Ronald Reagans als Gouverneur brachte.

1965 sah drei weltbewegende Ereignisse: Alle Jugendlichen, die im Jahre des größten Babybooms der US-Nachkriegszeit geboren waren, feierten ihren achtzehnten Geburtstag; psychedelische Drogen wie LSD und Peyote waren das Symbol einer neuen Bohème der Gegenkultur; und der vordem weit entfernte Krieg in Vietnam rückte in den Mittelpunkt des politischen Geschehens. Die neue Gegenkultur, die ihre Zentren an der Telegraph Avenue in Berkeley und im Stadtteil Haight-Ashbury in San Francisco hatte, führte zu künstlerischer Aufbruchstimmung. Tausende strömten in die neuen psychedelischen Tanzhallen, um Bands wie Jefferson Airplane, the Grateful Dead, Big Brother and the Holding Company, Janis Joplin und Country Joe and the Fish, allesamt langhaarige Vorzeigehippies, zu hören. Graphiker wie Mouse, Wilson und Moscoso schufen Plakate für die Konzerte, die die psychedelische Kunst als wichtige neue Modewelle etablierten.

Eigene Zeitschriften entstanden für diesen neuen Kundenkreis, sei es das San Francisco Oracle mit mystischer Ausrichtung oder die »Berkeley Barb« mit politischer Stoßrichtung. Und alles wurde in den Massenmedien groß aufgezogen. Die Szene wuchs so schnell, daß die Infrastruktur Haight-Ashburys unter den vielen Neu-

ankömmlingen, die hier ihr Mekka suchten, zusammenbrach. Der Krieg in Vietnam eskalierte, die ökonomische Lage verschlechterte sich, statt LSD gab es Heroin und Methedrin, und ganz Haight-Ashbury wurde zu einer gefährlichen Slumgegend. Die Hippiebewegung wurde kommerziell vermarktet und zerbrach in ihre verschiedenen Strömungen: hier spirituell angehaucht, dort politisch motiviert, hier mit kommunalem Anspruch, dort individualistisch geprägt. Dafür gab es neue Bewegung und Unruhe in anderen Stadtteilen: die Black Panther Party entstand, die Gettos explodierten, die Latinos und Chicanos meldeten politische und kulturelle Forderungen an, was eine neue Kulturszene ins Leben rief – Dichterlesungen, Theater wie El Teatro Campesino und Teatro Latino, Bands wie Santana im Mission District. In Chinatown gab es zeitweilig Rotgardisten, und die Indianer besetzten in einer symbolischen Aktion die Gefängnisinsel Alcatraz.

Die Revolution geht weiter

Die erste schwule Bar im Stadtteil Castro wurde 1960 eröffnet, und allmählich entstand eine kleine schwule Szene. Hippies, die zu Zeiten der sexuellen Befreiung ihr Schwulsein erkannt hatten, siedelten sich in der Gegend um Castro Street an. Das Gay Liberation Movement wurde zu einer militanten politischen Kraft, und unter ihrem politisch weitsichtigen Sprecher Harvey Milk wurden die Schwulen zu einem ernstzunehmenden politischen Machtfaktor in der Kommunalpolitik. Die kalifornischen Landesgesetze gegen Homosexualität wurden in San Francisco aufgehoben, und Harvey Milk war der erste Politiker in den USA, der sich offen zu seiner Homosexualität bekannte und gewählt wurde.

Zahlreiche Bereicherungen der Kulturszene der Stadt entstammen der Schwulenszene, stellvertretend seien das Theater Rhinocerros, die Cockettes, die Disco Queen Sylvester, der Komiker Tom Ammiano und viele andere genannt. Harvey Milk wurde 1978 zusammen mit dem liberalen Bürgermeister George Moscone ermordet, und AIDS schlug besonders in San Francisco verheerend zu, trotzdem ist die Schwulenbewegung unverändert eine wichtige und im Aufstreben begriffene politische Kraft. Der Anteil homosexueller Männer und Frauen wird in San Francisco auf rund zwanzig Prozent aller Wahlberechtigten geschätzt.

Verschiedene Einflüsse trugen dazu bei, daß sich in San Francisco eine unverwechselbare kulturelle Identität herausbildete. Die relativ kurze Stadtgeschichte hielt überkommene Traditionen klein. Der Reichtum der Stadt sorgte für kulturellen Ehrgeiz, gleichzeitig sorgte die Tradition der Frontierstadt dafür, daß Dünkel wenig gilt. Es gibt gut ein Dutzend verschiedener Stadtteile mit unverwechselbarem ethnischen Profil: der Mission District, der früher irisch war, heute vorwiegend von Latinos bewohnt, der italienische Bezirk North Beach, Chinatown und Japantown, die russische Clement Street, die von Schwarzen dominierten Stadtteile Fillmore und Bayview Hunter's Point, und der Stadtteil Tenderloin, der zunehmend von Leuten aus Südostasien bewohnt wird. Geographisch betrachtet, ist es von San Francisco näher nach Lateinamerika und Asien als nach Europa. Die Stadt besitzt mehr Bars und Restaurants pro Einwohner als jede andere Stadt der USA, aber auch die Selbstmordrate liegt höher als der Landesdurchschnitt.

Das politische Klima ist liberal, besonders im Vergleich zum Rest des Landes, und die Wahlergebnisse der Bay Area halten den Stimmen des konservativen Orange Country in Südkalifornien die Waage. Jesse Jackson gewann 1988 sogar die Vorwahlen der Demokratischen Partei.

San Francisco besitzt ein mildes Klima und eine herausragend schöne Lage auf einer von zahlreichen Hügeln durchsetzten Halbinsel, die an drei Seiten ans Wasser grenzt. Aber die Stadt hat auch ihre Schattenseiten: Es gibt viele Obdachlose und Drogenprobleme, vor allem mit Crack. Aber im Vergleich mit anderen amerikanischen Großstädten ist es ein Ort, der sehr lebendig ist, was San Francisco zu der heimlichen Hauptstadt der Westküste macht.

Das Institut zum Studium der Gewaltlosigkeit in Carmel Valley, gegründet von Ira Sandperl (links unter dem Fenster) und Joan Baez (rechts)

Gerd Burger

Politspektakel mit Witz im Golden Gate Park

Die San Francisco Mime Troupe

Wie jede Großstadt, die was auf sich hält und Stadtplaner mit Weitblick hat, besitzt auch San Francisco seinen großen und so berühmten wie vielgerühmten Landschaftsgarten: Den Golden Gate Park. Ob der nun schöner anzusehen ist als New Yorks Central Park, Londons Hyde Park, Münchens Englischer Garten oder Madrids Retiro – das sei dahingestellt. Darüber mögen sich die Liebhaber des gehobenen Gartenbaus streiten. Eins aber ist an San Francisco ohne Konkurrenz und bricht eine Lanze für den Golden Gate Park: Wer virtuos gemachtes Theater liebt und seinen Spaß findet an Witz mit Wissen und politisch dissonantem grobem Unfug, der wird, sofern er im Sommer nach San Francisco reist und dort am Sonntagsnachmittag im Park lustwandelt, eine Überraschung der besonderen Art erleben können, die San Francisco Mime Troupe nämlich, Amerikas ältestes und bestes Straßentheater live auf der Bühne unter freiem Himmel und bei freiem Eintritt.

Straßentheater schön und gut, umsonst und draußen, hin oder her, mag jetzt mancher denken, der sein Quantum an mittelmäßigen Amateurdarbietungen zugemutet bekommen hat und genügend oft die bittere Pille zu schlucken hatte, daß hierzulande nur zu rasch der tödlichste Bierernst aufkommt, sobald politische Absichten im Spiel sind. Die mit diesem Herangehen automatisch gekoppelte Feindseligkeit gegenüber aller selbstzweckhaften Lust und Sinnlichkeit zeitigt bei engagiertem Theater bedauerlich häufig die fatale Konsequenz, daß dann das Spielerische allemal zurückzutreten hat hinter das erschöpfende Ausargumentieren des abzuhandelnden Stoffs und die Unmißverständlichkeit des erzieherischen Zwecks. »Ich habe beobachtet, daß manche Satiriker das Publikum etwa so behandeln wie die Stubengelehrten einen unartigen Knaben, der zur Strafe auf dem Holzbock reiten muß: Zunächst wird die Sache verweisend erörtert, dann wird über die Notwendigkeit der Rute geredet, und schließlich wird jeder Satz mit einem Hieb geschlossen«, so die bis heute gültige Kurzbeschreibung dieses wenig erquicklichen Verfahrens, wie sie einst Jonathan Swift trefflich formulierte.

Wem solches Holzbockreiten schwant, der sei beruhigt: Bierernst und Rutenhiebe sind die Sache der San Francisco Mime Troupe nicht. Im Gegenteil, hier sieht man endlich einmal ein Theater, das sich des von ihm verfochtenen Anliegens politisch so sicher ist, daß niemand den Spaß, die Clownerie und die grobe Klamotte einen Moment lang zu fürchten braucht. Daß man sein

Theater primär aus dem Grunde macht, weil einem die herrschenden Verhältnisse nicht gefallen – diese Ausgangsüberlegung wird schlicht vorausgesetzt, allenfalls in Nebensätzen eingeflochten und nicht erst groß in langen Monologen begründet und beklagt. Solche Souveränität unterstreicht unmittelbar, daß das Theater sich in seinem Einspruch gegen den Status quo nicht beirren läßt, es nicht nötig hat, mit seiner Kritik erst zum Lamento zu rufen, sondern umgekehrt ohne lange Vorreden und gänzlich ungeniert den Zuschauer zum Lachen provoziert und mit der eigenen subversiven Sicht der Dinge konfrontiert. »Nur ist nicht überm Berg, wer noch nicht lacht / Drum haben wir ein komisches Spiel gemacht.« Einsicht und Zitat stammen von Brecht (zu finden im Prolog zu »Herr Puntila und sein Knecht Matti«), und die Mime Troupe hat dieses Programm konsequent zum Strickmuster ihrer Theaterstücke gemacht. Solches Lachen, solcher Witz mit Wissen, das steckt an und zeigt befreiende Wirkung – schon allein deshalb sei jedem, der in den Sommermonaten in San Francisco weilt, der Besuch einer Aufführung der Mime Troupe im Park wärmstens empfohlen.

Was gibt es zu sehen?

Das ist so einfach auf Anhieb nicht zu sagen; das Theaterkollektiv erarbeitet für jede Sommersaison im Park ein neues Stück. Zuverlässig voraussagbar haben diese Produktionen eigentlich nur folgende drei Aspekte gemeinsam: Ein aktuelles Thema, dessen politische Brisanz zu denken gibt; dann um diesen Stoff herumgarniert Spaß und reichlich Anlaß zu Gelächter; schließlich als drittes und vielleicht wichtigstes Charakteristikum des Stils der Mime Troupe die Einsprengsel einer Unzahl exaktester Beobachtungen des US-Alltags sowie ganz präziser Beschreibungen des gängigen amerikanischen Alltagsbewußtseins. Die Stücke sind allesamt so angelegt, daß sie zuerst einmal dem Volk gründlich aufs Maul schauen, Gestik und Gehabe von Sprechern aus den diversen Ethnien und verschiedensten soziokulturellen Milieus genau registrieren und getreu dem Brechtschen Rezept in »bis zur Kenntlichkeit entstellter« Form auf der Bühne vorführen, was da so alles von den Leuten auf der Straße, im Tacoimbiß an der Ecke und sonstwo laut gesagt und dabei insgeheim gedacht wird. Diese

Genauigkeit der Beobachtung ist es, die speziell auch für den aus dem Ausland angereisten Zuschauer jede Aufführung der Mime Troupe zum ebenso aufschlußreichen wie amüsant-kurzweiligen Ereignis macht.

Nehmen wir als typisches Beispiel die Sommershow »Ripped van Winkle«, eine Mime Troupe-Produktion, die im Jahre 1988 aus Anlaß des zwanzigsten Jubiläums der Revolte von 1968 gespielt wurde als Kommentar und Rückschau auf die Entwicklungen der letzten zwei Dekaden. Die dramaturgische Grundidee ist so genial wie schlicht (und obendrein gestohlen; in diesem Falle stand die von Washington Irving 1834 geschriebene und in jedem amerikanischen Schulbuch abgedruckte Kurzgeschichte »Rip van Winkle« Pate): Ein Hippie, der im Mai 1968 im Golden Gate Park einen LSD-Trip eingeschmissen hat, wacht nach zwanzig Jahren Tiefschlaf wieder auf. Und als er sich aufmacht, nach Hause zu gehen und seiner Freundin zu erklären, weshalb und wo er letzte Nacht verschütt gegangen ist, da versteht er die Welt nicht mehr, rätselt, ob er nach wie vor an Halluzinationen leidet, oder was zum Teufel sonst passiert ist. Nicht allein, daß die Stadt kaum wiederzuerkennen ist, die ihm vertrauten Häuser und Straßenecken teils völlig verschwunden oder aber psychedelisch bunt bemalt sind (eine Renovierweise der alten, wunderschönen viktorianischen Holzhäuser, die in den letzten Jahren Schule machte), nein, auch die altvertrauten Straßenkreuzer sind fast auf die Hälfte ihres Umfangs zusammengeschrumpft, und vollends merkwürdig mutet an, was mit den Leuten über Nacht passiert ist.

Der wackre Hippie kennt sich nicht mehr aus. Die supercoolen schwarzen Crackdealer, die eine völlig

fremde Sprache zu sprechen scheinen, die Jogger, die in den abgefahrensten Klamotten und mit ihren »Walkmännern« auf den Ohren schalldicht isoliert vorbeihasten, die schrägen Punks, die zu Pogoklängen und mit martialischem Gehabe ähnlich autistisch abgeschottet über die Szene driften, die irre bag-lady, die all ihre Habe in einem alten Supermarktkarren transportiert und dem Helden mit ihrem schwer lenkbaren Gefährt mehrfach rabiat über die Hacken fährt, die wie Schiffbrüchige an der Straßenecke kampierenden Obdachlosen sowie komplementär dazu der Jahrmarkt der Eitelkeiten in einem der auf postmodernen Schick gestylten Nobelrestaurants der beautiful people, die es geschafft haben auf dem Weg der Konkurrenz nach oben – Ripped van Winkle versteht die Welt nicht mehr.

Das Publikum dafür erkennt sie desto deutlicher: All die erwähnten und noch zahlreiche andere Typen werden von den Schauspielern der Mime Troupe nur durch sekundenkurze »Augenblicke« virtuos karikiert. Nicht allein der ratlos und ungläubig dreinblickende Held des Stückes ist baß erstaunt: Es ist schlicht frappant, wie jede dieser scharf zugespitzten Karikaturen fast wie mit einem Paukenschlag beim Zuschauer eine ganze Kette von Assoziationen und Erinnerungen abruft, wie ein Aha-Effekt in Gang gesetzt wird, der mit einem Male ins Auge springen läßt, was da alles an Absonderlichem im Altbekannten steckt, das man tagtäglich ohne große Reaktion als völlig selbstverständlich zur Kenntnis nimmt. Die Mime Troupe hat es deshalb überhaupt nie nötig, irgendwelche Figuren erst in aufwendiger Rhetorik und weitschweifigen Dialogen zu portraitieren und zu »demaskieren« – dieses Freilegen des Kerns der vorgeführten Figuren geschieht in einem einzigen Augenblick, mit eben dieser Treffsicherheit der augenzwinkernden Karikatur.

Das Regieprinzip an sich ist simpel: Die mit scharf konturierten theatralen Zeichen und beredten Gesten auf der Bühne heraufbeschworene Sache wird so nachhaltig gegen den Strich gebürstet und auf die Spitze getrieben, daß aus dem tagtäglich Gesehenen etwas Exotisches, schlankweg Befremdliches wird.

Generell beweist sich die Kunst der Mime Troupe vor allem darin, wie es ihr gelingt, aus einfachen und bewährten Mustern große Effekte zu zaubern. In »Ripped van Winkle« greift man Washington Irvings Einfall auf, daß eine brave Jedermannsfigur sich auf der Jagd zu einem Mittagsschläfchen hinlegt und die ganze amerikanische Revolution, den ganzen Krieg um die Befreiung Neuenglands vom kolonialen Joch verpennt. Selbstredend stülpt die Dramaturgie der Mime Troupe dieses Raster um; hier geht der wackre Hippie, dem irgendwann dämmert, daß er wohl lange geschlafen hat, ganz selbstverständlich davon aus, daß die im Juni 1968 ins Haus stehende »Revolution« nun gewiß gewonnen sei. Dem freilich ist nicht so, und *wie* dem Helden diese bittere Wahrheit beigebracht wird, in welcher von schwarzem Humor triefenden Geschichtslektion ihm die Horrorshow der letzten zwanzig Jahre von Nixon über Kambodscha, Pol Pot, Chile, der Reagan-Ära, Contragate und anderer Unglaublichkeiten verpaßt wird, das muß man auf der Bühne gesehen haben, das läßt sich in Worten allein nicht wiedergeben. Die Rapnummer, den gestischen Metakommentar, den ein alter Kumpel Rippeds, der sich zum so cleveren wie skrupellosen Winkeladvokaten und Koksdealer gemausert hat, zu diesem Zwecke auf die Bühnenbretter legt, das muß man ge-

sehen und gehört haben, um es in allem seinem Aberwitz zu glauben. Solch abgebrühte Professionalität, solch ausgebufftes Aufgreifen von Mustern der kommerziellen Massenkultur gibt es im deutschen Theater schlicht nirgends zu sehen.

An beherzter Unverfrorenheit mangelte es der Theatertruppe nie – weder, was die Montage schriller Bühneneffekte angeht, noch wenn es um die Abhandlung brisanter Inhalte ging. An solchen herrschte kein Mangel, und allesamt wurden sie in unorthodoxer Form und ohne Rücksicht auf den sogenannten guten Geschmack, dafür aber mit klarem Geschichtsbewußtsein und sehr viel Sinn für Differenzierungen im konkreten Detail in Szene gesetzt. Eine Auflistung der Mime Troupe-Produktionen zeigt ihr politisches Engagement: Stücke zum Vietnamkrieg, zum Drogenschmuggel, zur Frauenemanzipation, zu Grundstücksspekulation und Kaputtsanierung gewachsener Stadtteilstrukturen, zu Umweltskandalen, zu den Black Panthers, zu den Spätfolgen der

dafür, was an gesellschaftlichem Sprengstoff in der Luft liegt. Und wenn ein Thema erst einmal in der Öffentlichkeit debattiert wurde, dann hatte das Theater bereits längst mindestens ein neues heißes Eisen angefaßt, dessen latente Brisanz sich erst geraume Zeit später bewies, wenn das Problem auf der politischen Tagesordnung zum Ausdruck kam.

Im Kollektiv des Theaters sind helle Köpfe und kluge politische Denker versammelt, keine Frage. Das allein wäre freilich noch nicht genug, um überzeugendes Theater machen zu können. Es kommen zwei unverzichtbare Sachen hinzu: langjährige Erfahrung und ein so professionelles wie heterogen gemischtes Ensemble. Immerhin wurde die Theatergruppe bereits im Jahre 1959 aus der Taufe gehoben, damals noch als avantgardistisches Experimentaltheater, das seither durch diverse Irrungen und Wirrungen ging, bis es zu dem politischen Profil und dem typischen Stil fand, für den es heute bekannt ist. Vermutlich ist der springende Punkt des Erfolgs der Mime Troupe die wechselseitige Ergänzung langjährig routinierter Dramaturgen und einem in der Regel schneller rotierenden Ensemble der Schauspieler und Musiker. Seit circa 1972 arbeiten in der Mime Troupe Schwarze, Weiße, Latinos, Asian-Americans zusammen. Sie alle unterscheiden sich nicht allein in der Schattierung der Hautfarbe, sondern in ihrer soziokulturellen Identität als ganzer, in ihrer Gestik, in Sprachrhythmus, Erfahrungshorizont und Sozialisation. Sie bringen ihre teils radikal unterschiedlichen Charakteristika mit in die gemeinsame Arbeit und damit ins Spiel und auf die Bühne.

Der Spielort im Park ermöglicht eine offene Struktur: Die aufgebaute Holzbühne und die danebem plazierte Band, die das Stück musikalisch begleitet und kommentiert, sind das einzig Vorgegebene, der Rest folgt nach Belieben, das Publikum setzt sich auf den Boden, wo es will, und kann theoretisch kommen und seiner Wege gehen, wann immer es will. Das Können der Mime Troupe sorgt dafür, daß kaum einer die Szene verläßt, sobald er einmal das Geschehen zu beobachten beginnt. Die Mime Troupe verfolgt unverhohlen klare politische Absichten, darüber wird man keine Sekunde im Zweifel gelassen. Damit der Zuschauer nicht gelangweilt wird, wenn ihm so offensichtlich gezeigt werden soll, wo es langgeht, muß er bei Laune gehalten werden, Sachen zu sehen und zu hören bekommen, die ihn zum Stutzen, zum Lachen bringen und das Nachdenken provozieren darüber, was in aller Welt denn da so lachhaft war, welche Dissonanz ihm da zu stutzen gab.

Damit sind hohle Appelle ebenso entbehrlich wie wohlfeile Schelte falschen Bewußtseins – das Spiel schlägt im Augenzwinkern zwischen Publikum und Bühne eine Brücke zwischen theoretischer Kritik und einem ersten bescheidenen Schritt der praktischen Umsetzung der Utopie. Nicht das Hervorzaubern der konkreten Lösung ist die Aufgabe des politischen Theaters, die Lust an der Veränderung ist es, die solches Theater zu wecken und immer neu zu schüren hat. Bei den Aufführungen der Mime Troupe kann man sehen, wie dies passiert. Das Publikum im Park ist der beste Indikator, ob das Theater seine Aussage an den Mann und die Frau zu bringen weiß; und wer im Park mit von der Partie ist, erlebt, wie das Ensemble seinen Ruf als bestes und wichtigstes politisches Theater der USA bestätigt und deutlich macht, daß die Mime Troupe nicht etwa von langverwelktem Lorbeer zehrt.

Atombombentests in Nevada, zur Mikrochipindustrie des Silicon Valley, ein historischer Bilderbogen zum Rassismus in der frühen Arbeiterbewegung, ein Musical zur Politik der Gewerkschaften in der Zeit von 1940–46, zur Rhetorik der Neuen Rechten vom Schlage der Moral Majority, zu Mittelamerika, zu Südafrika, zur Verschuldung und Ausblutung der Dritten Welt, zum fünfzigsten Jahrestag des Ausbruchs des spanischen Bürgerkriegs – die Reihe ließe sich noch lange fortsetzen.

So aneinandergereiht, hat diese Serie aus heutiger Sicht beinahe einen schalen Beigeschmack des Abgedroschenen. Fast alles und jedes, was der amerikanischen Linken irgendwann einmal ein salonfähiges Anliegen war, scheint hier in kunterbuntem Sammelsurium versammelt. Begreifen aber muß man, daß die Stückeschreiber der Mime Troupe der politischen Diskussion noch stets eine oder gar zwei Nasenspitzen voraus waren; die Mime Troupe besitzt fast einen sechsten Sinn

Die Prozedur ist einfach, wenn man die Mime Troupe im Park sehen will: Man wählt die Telephonnummer des Büros des Theaters unter 285–1717 und läßt sich sagen, in welchem Stadtpark die Gruppe am nächsten Sonntagnachmittag spielen wird. Dann packe man am Sonntag seinen Picknickkorb und begebe sich stracks dorthin – mit Freunden, so man welche kennt vor Ort, am besten sogar circa zwei Stunden vor Vorstellungsbeginn, wenn man noch hinter die Kulissen blicken möchte, den Aufbau im Park als ersten Teil des Spektakels beobachten will.

Und wer die Parksaison im Sommer verpaßt, muß nicht verzagen, die Mime Troupe spielt zu jeder Jahreszeit, dann zwar zumeist auf Tournee, aber manchmal auch in San Francisco. Am schönsten freilich ist's, wenn die Mime Troupe im Park auftritt – und zwar im Golden Gate. Nichts gegen Mission Dolores, Precita Park, Washington Square oder Ho Chi Minh Park in Berkeley, aber Golden Gate ist doch am schönsten. Vor allem dann, wenn man den Tag mit einer Tasse Tee im Teehaus des »Japanese Garden« ausklingen läßt, Leib und Seele am Blick auf eine wunderschöne Landschaftsarchitektur erfrischt.

Umberto Eco
Reise ins Reich der Hyperrealität

Die Zeichenwelt der Schlösser und Vergnügungsparks

An der gewundenen Küstenstraße von San Francisco nach Süden, wenn man die Bucht von Monterey und Tortilla Flat und den Los Padres National Forest hinter sich hat, nach einer Kurvenfahrt über Klippen, die an Amalfi und Capri erinnern, erhebt sich, wo der Pacific Highway ins Tal hinunter nach Santa Barbara führt, auf dem sanften mediterranen Hügel von San Simeón das Schloß des William Randolph Hearst. Des Reisenden Herz schlägt höher, denn dies ist das »Xanadu« Citizen Kanes, wo Orson Welles seinen Helden leben und sterben ließ, den er explizit nach dem großen Zeitungsmagnaten gestaltet hatte, dem Ahnherrn der unseligen Symbionesin Patricia.

Auf den Gipfel der Macht und des Reichtums gelangt, erbaute sich Hearst hier oben seine private Festung der Einsamkeit, »eine Kombination aus Palast und Museum, wie man sie seit den Tagen der Medici nicht mehr gesehen hat«, nannte sie später ein Biograph. Wie in einem Film von René Clair (doch die Wirklichkeit übertrifft hier bei weitem jede Fiktion) erwarb er stückweise oder im ganzen europäische Schlösser, Abteien und Klöster, ließ sie demontieren und Stein für Stein numerieren, über den Ozean expedieren und hier auf dem Zauberhügel wieder zusammenbauen, inmitten freilebender wilder Tiere. Da er kein Museum haben wollte, sondern einen Renaissance-Palast, ließ er die echten Stücke mit kühnen Imitationen vervollständigen, ohne sich um die Unterscheidung von Original und moderner Kopie zu kümmern. Unbändige Sammlerwut, der schlechte Geschmack des Neureichen und Prestigesucht trieben ihn zu einer Nivellierung der Vergangenheit auf das zu lebende Heute, das ihm jedoch als lebenswert nur erschien, wenn es garantiert »wie früher« war.

Zwischen echten römischen Sarkophagen und exotischen Pflanzen, über nachgebaute barocke Treppen, kommt man zunächst in »Neptune's Piscina«, einen griechisch-römischen Phantasietempel voller Statuen im antiken Stil, darunter (wie der Führer mit unerschrockener Treuherzigkeit vermerkt) die berühmte Venus, schaumgeboren, dem Wasser entsteigend, skulpiert um 1930 von einem italienischen Bildhauer namens Cassou. Alsdann gelangt man zur »Casa Grande«. Die Casa Grande ist eine Kathedrale im spanisch-mexikanischen Stil mit zwei Türmen (bestückt mit sechsunddreißig Glocken als Carillon). Ihr Portal umfaßt ein schmiedeeisernes Gitter aus einem spanischen Kloster des 16. Jahrhunderts, darüber erhebt sich ein Tympanon mit Madonna und Kind. Den Boden der Vorhalle ziert ein pompejanisches Mosaik, an den Wänden ringsum hängen Gobelins, die Tür zum Versammlungssaal ist von Sansovino, der Saal ist nachgebildete Renaissance, präsentiert als »italo-französisch«. Eine Reihe von Chorstühlen kommt aus einem

italienischen Kloster (Hearsts Abgesandte haben die verstreuten Teile in diversen europäischen Antiquitätenläden zusammengekauft), die Tapisserien sind flämisches Hochbarock, die Objekte – echt oder falsch – sind aus diversen Epochen, vier Medaillons stammen von Thorvaldsen. Der Speisesaal hat eine italienische Decke »von vor vierhundert Jahren«, an den Wänden hängen Fahnen »einer alten Familie aus Siena«. Im Schlafzimmer steht das echte Bett Richelieus, der Billardsaal hat eine gotische Tapisserie, der Kinosaal (in dem Hearst seine Gäste nötigte, jeden Abend die von ihm produzierten Filme zu sehen, während er selbst in der ersten Reihe saß, neben sich ein Telefon, das ihn mit der ganzen Welt verband) ist von oben bis unten altägyptisch mit einem Schuß Empire, die Bibliothek hat eine weitere italienische Decke, das Arbeitszimmer kopiert eine gotische Krypta, gotisch sind auch (diesmal echt) die Kamine in den verschiedenen Sälen, und der überdachte Swimmingpool realisiert eine Mischung aus Alhambra, Pariser Metro und Pissoir eines Kalifen, nur noch majestätischer.

Das Frappierende an diesem Sammelsurium ist jedoch nicht die Vielzahl der in halb Europa zusammengerafften Antiquitäten, auch nicht die Sorglosigkeit, in welcher das artifizielle Gefüge die Fälschung übergangslos mit dem Echten verbindet, sondern der Eindruck von Fülle, der besessene Wille, nirgendwo einen Fleck zu lassen, der nicht an irgend etwas erinnert, und folglich das Meisterwerk einer vom Horror vacui besessenen Bastelei, die Unwohnlichkeit, die aus der überdrehten Abundanz resultiert – wie die Ungenießbarkeit jener Gerichte, die viele der »feineren« amerikanischen Restaurants (in schummriges Dunkel gehüllt und holzgetäfelt, von weichen roten Lichtern punktiert und von unaufhörlicher Barmusik durchdrungen) dem Kunden anbieten, um sowohl seine wie ihre *affluence* zu dokumentieren: Beefsteaks, vier Finger hoch, mit Langusten und baked potatoes (und Creme und zerlassener Butter und gekochten Tomaten und Meerrettichsoße), denn so hat der Kunde *more and more* und nichts mehr zu wünschen.

Als unvergleichliche Sammlung auch authentischer Stücke erreicht das Schloß des Citizen Kane eine psychedelische Wirkung und ein Kitsch-Resultat. Aber nicht weil es keinen Unterschied zwischen Vergangenheit und Gegenwart macht (denn so verfuhren im Grunde auch schon die Feudalherren alter Zeiten beim Anhäufen ihrer seltenen Stücke, und das gleiche Stilgemisch herrscht in vielen romanischen Kirchen mit barockisiertem Altar und womöglich einem Glockenturm aus dem 18. Jahrhundert). Das Abstoßende ist vielmehr die wahllose Raffgier, mit der es sich alles einverleibt hat, was es kriegen konnte, und das Beklemmende ist die eigene

Palast der Presitgesucht und Einsamkeit: Hearst Castle

Angst, womöglich der Faszination dieses Dschungels von venerablen Schönheiten zu erliegen, denn zweifellos hat er einen eigenen wilden Geschmack, eine eigene pathetische Wehmut und barbarische Größe und sinnliche Perversität, und mit der Ansteckung atmet er auch den Geist der Lästerung, der Schwarzen Messe – wie wenn man in einem Beichtstuhl bumst, mit einer Nutte im Priesterkleid, auf den Lippen Verse von Baudelaire, während zehn elektrische Orgeln das Wohltemperierte Klavier verströmen, gespielt von Skrjabin.

Im Madonna Inn

Aber Hearst Castle ist kein Unikum, es fügt sich aufs kohärenteste in die Touristenlandschaft Kaliforniens, zwischen die wächsernen Abendmahle und Disneyland. Verlassen wir also das Schloß und begeben uns nur ein paar Dutzend Meilen weiter nach *San Luis Obispo*. Dort, zu Füßen des Mount San Luis, den sich ein Mister Madonna komplett erworben hat, um darauf eine Reihe Motels von entwaffnender Pop-Vulgärität zu errichten, dort erhebt sich *Madonna Inn*.

Die dürftigen Worte der menschlichen Sprache reichen nicht aus, um Madonna Inn zu beschreiben. Um den Anblick der Bauten wiederzugeben, die man erreicht, wenn man eine in dolomitischen Fels gehauene

Tankstelle hinter sich hat, um das Restaurant, die Bar, die Cafeteria zu schildern, kann man nur einige tastende, ungefähre Vergleiche wagen. Sagen wir, Albert Speer oder Piacentini hätten beim Blättern in einem Buch über Gaudi eine zu starke Dosis LSD geschluckt und sich plötzlich vorgenommen, eine Hochzeitsgrotte für Liza Minelli zu bauen. Aber das trifft es noch nicht. Sagen wir, Arcimboldi ersinnt für Heino eine Sagrada Familia. Oder Carmen Miranda entwirft für McDonald's ein Lokal à la Tiffany. Oder auch: D'Annunzios Vittoriale am Gardasee (oder Ludwigs des »Kini« Neuschwanstein im Allgäu), imaginiert von Louis de Funès, Calvinos »Unsichtbare Städte«, beschrieben von Sandra Paretti und realisiert von Leonor Fini für das Oktoberfest, Chopins b-Moll-Sonate, gesungen von Karel Gott nach einem Arrangement von Liberace und gespielt von der Feuerwehrkapelle zu Hintertupfingen... Aber das trifft es noch immer nicht ganz. Versuchen wir, die Toiletten zu schildern. Eine riesige unterirdische Höhle, halb Altamira, halb Adelsberg, mit byzantinischen Säulchen, auf denen barocke Gipsputten stehen. Die Waschbecken große Perlmuschelschalen, das Pissoir ein in den Fels gehauener Kamin, doch wenn der Urinstrahl (Entschuldigung, aber man muß das erklären) den Boden berührt, entquillt den Wänden der Rauchkappe Wasser und schießt in Kaskaden hernieder, als wär's die Spülung in den Höhlen des Affenplaneten Mongo. Im Erdgeschoß dann, vor einem Panorama aus Tiroler Berghüt-

Roadside Fantasy: Das Motel-Schloß Madonna Inn

ten und Renaissance-Schlößchen, eine Flut von Lüstern in Form von Blumenkörben, Misteltrauben, aus denen opalisierende, veilchenblaue und mattgelbe Glaskugeln wachsen, umschaukelt von viktorianischen Püppchen. Die Wände durchbrochen von Jugendstilfenstern in Chartres-Farben, dazwischen Regency-Tapisserien im Stil des sozialistischen Realismus der frühen Jahre. Die runden Sofas golden und pink, die Tische aus Gold und Glas, das Ganze eine verwegene Mischung aus farbenprächtiger Eisbombe, Pralinéschachtel, Sahnetorte und Knusperland für Hänsel und Gretel.

Alsdann die Zimmer, etwa zweihundert an der Zahl, jedes mit einem anderen Charakter. Zu einem mäßigen Preis (und mit einem Riesenbett – King's oder Queen's Bed – für Hochzeitsreisende) erhält man das Prähistorische Zimmer (ganz Tropfsteinhöhle), den Safari Room (ganz in Zebra tapeziert, mit einem Bett in Form eines Bantu-Götzen), das Hawaii-Zimmer, die California Poppy, den Old Fashioned Honeymoon, den Irischen Hügel, den Stürmischen Gipfel, den William Tell, den Tall and Short Room (für Eheleute von unterschiedlicher Größe, mit einem unregelmäßig polygonen Bett, den Wasserfall an der Felsenwand, den Imperial Room, die Alte Holländische Mühle oder das Schlafzimmer mit Karussell-Effekt.

Madonna Inn ist das Hearst Castle der kleinen Leute, es hat keine künstlerischen oder philologischen Ambitionen, es appelliert an den wilden Geschmack am Verblüf-fenden, am Vollgestopften und absolut Prächtigen zu geringem Preis. Es verheißt den Besuchern: »Auch ihr könnt das Unglaubliche haben, genau wie die Millionäre!«

Dieses Verlangen nach Opulenz, das im Millionär genauso lebendig ist wie im Mittelklasse-Touristen, erscheint uns fraglos als Markenzeichen des American Way of Life, doch an der Ostküste ist es weniger stark verbreitet, und sicher nicht, weil es dort weniger Millionäre gäbe. Sagen wir, der Ostküsten-Millionär hat weniger Schwierigkeiten, sich durch die Mittel der essentiellen Modernität auszudrücken, durch Bauten in Glas und Beton oder durch Renovierung der alten Neuenglandhäuser. Freilich nur, weil diese Häuser schon da sind. Mit anderen Worten, die Ostküste ist nicht so gierig auf architektonische Prunksammelsurien à la D'Annunzio, weil sie eine eigene Architektur besitzt, die historische der Kolonialzeit und die moderne der Geschäftsviertel. Barocke Emphase, elektrischer Taumel und Bedürfnis nach Imitation überwiegen dort, wo die posturbane Zivilisation entsteht, repräsentiert durch Los Angeles, eine Metropole aus sechsundsechzig verschiedenen Städten, in der die Gassen fünfspurige Autobahnen sind und die Menschen den rechten Fuß als Glied zur Bedienung des Gaspedals ansehen und den linken als toten Wurmfortsatz, weil die Autos keine Kupplung mehr haben – und die Augen als eine Art Zoom-Vorrichtung zum Fokussieren von visuell-techni-

59

schen Zeichen und Wundern, Straßenschildern, Ampeln und Bauten, die sich dem motorisierten Geist in Sekundenschnelle einprägen müssen.

Friedhof Forest Lawn

Forest Lawn ist eine Konzentration von historischen Denkmälern, Michelangelo-Reproduktionen, Wunderkammern, in denen man die Imitation der britischen Kronjuwelen bestaunen kann, die Bronzetüren des Baptisteriums von Florenz (in voller Größe), den Denker von Rodin, den Fuß vom Pasquino und allerlei andere Bijouterien, das Ganze grundiert mit Klängen von Strauß (Johann). Die Forest-Lawn-Friedhöfe meiden das individuelle Grabmonument, die Meisterwerke der Kunst aller Zeiten sind Teil des gemeinsamen Erbes, im Hollywood Forest Lawn sind die Gräber unter bescheidenen Bronzeplatten im Rasen verborgen, im Glendale Forest Lawn in sehr nüchternen Krypten mit konstanter Musikberieselung und Kopien von klassizistischen Statuen nackter Mädchen à la Canova – hier eine Hebe, da eine Venus, dort eine Vergine Disarmata, mal eine Paolina Borghese, mal auch ein Sacro Cuore. Die Philosophie dieser Friedhöfe findet sich, dargelegt von ihrem Begründer Eaton, in Stein geschnitten auf großen Stelen jeweils am Eingang. Das Konzept ist sehr einfach: Der Tod ist ein neues Leben, die Friedhöfe sollen kein Ort der Traurigkeit sein, auch keine ungeordnete Ansammlung biederer Grabfiguren. Sie sollen Reproduktionen der schönsten Kunstwerke aller Zeiten enthalten, dazu Denkmäler der Geschichte (große Mosaikbilder der Geschichte Amerikas, Erinnerungsstücke – falsche – aus dem Unabhängigkeitskrieg), sie sollen lauschige Orte mit Bäumen und heiteren Kirchlein sein, wo Liebespaare händchenhaltend spazierengehen (und bei Gott, sie tun es), wo Brautpaare ihre Hochzeit feiern (wofür eine große Tafel am Eingang in Glendale Reklame macht) und wo die frommen Seelen beruhigt über das Weiterleben nach dem Tod meditieren können... Aus all diesen Gründen sind diese kalifornischen Friedhöfe (die fraglos angenehmer sind als die italienischen) immense Imitationen eines natürlichen und ästhetischen Lebens, das den Tod überdauert. Die Ewigkeit wird garantiert durch die Anwesenheit (in Kopien) von Michelangelo und Donatello. Die Unsterblichkeit der Kunst macht sich zur Metapher der unsterblichen Seele, die Vitalität der Pflanzen und Blumen zur Metonymie der Vitalität des Körpers, der glorreich unter der Erde verwest, um dem Leben neue Säfte zu geben. Durch das Spiel der Imitationen und Kopien gelingt es der Industrie des Absolut Falschen, dem Mythos von der Unsterblichkeit einen Anschein von Wahrheit zu geben, sie realisiert die Präsenz des Göttlichen als Präsenz des Natürlichen – doch das Natürliche ist »kultiviert« wie in den Marinelands. (...)

Disneyland

Die »Main Street« in Disneyland ist scheinbar der erste Akt der Fiktion, in Wahrheit jedoch eine höchst gelungene kommerzielle Realität, nämlich eine bestens kaschierte Einkaufsstraße. Sie präsentiert sich – wie

Mystery of Life: Friedhof Forest-Lawn in Los Angeles

übrigens die ganze Stadt – als vollkommen realistisch und zugleich vollkommen phantastisch, und hierin liegt Disneylands Überlegenheit (im Sinne der künstlerischen Gestaltung) über die anderen Spielzeugstädte: Seine Häuser sind »lebensgroß« im Maßstab eins zu eins, so weit das Erdgeschoß reicht, und verkleinert im Maßstab zwei zu drei ab dem Oberstock, so daß sie den Eindruck erwecken, sowohl bewohnbar zu sein, was sie tatsächlich sind, als auch einem phantastischen Annodazumal anzugehören, das wir mit der Phantasie beherrschen können. Die Fassaden der »Main Street« präsentieren sich als Kulissen und locken uns spielerisch einzutreten, doch innen sind sie dann stets ein verkleideter Supermarkt, in dem wir einkaufen wie die Besessenen in der Meinung, es sei noch immer ein Spiel.

In diesem Sinne ist Disneyland hyperrealistischer als die Wachsmuseen, gerade weil diese uns ja noch weiszumachen versuchen, ihre Objekte seien getreue Reproduktionen der Realität, während Disneyland unmißver-

überall den Rhythmus des Schlangestehens, die Funktionäre des Traums, korrekt gekleidet in ihre jeweils dem besonderen Ort entsprechenden Uniformen, führen den Besucher nicht bloß an die Schwelle der im voraus gewählten Abteilung, sondern regulieren auch weiterhin jeden einzelnen Schritt (»Jetzt warten Sie bitte hier, jetzt steigen Sie bitte ein, jetzt nehmen Sie bitte Platz, jetzt bleiben Sie bitte noch einen Augenblick sitzen« — immer höflich, unpersönlich, unerbittlich, übers Mikrophon). Wenn der Besucher bereit ist, diesen Preis zu entrichten, bekommt er als Gegenleistung nicht nur »das Wahre«, *the real thing*, sondern die Fülle und Überfülle der rekonstruierten Wahrheit. Auch Disneyland hat – wie das Hearst Castle – keine leeren Flächen, auf denen nichts los ist, es gibt immer etwas zu sehen, die großen Leerräume der modernen Architektur und Urbanistik sind ihm unbekannt. Wenn Amerika das ist, was Museen wie das Guggenheim und die neuen Wolkenkratzer Manhattans repräsentieren, dann ist Disneyland lediglich eine skurrile Ausnahme, und die amerikanischen Intellektuellen tun recht daran, es nicht zur Kenntnis zu nehmen. Wenn Amerika aber das ist, was wir auf unserer Reise gesehen haben, dann ist Disneyland seine Sixtinische Kapelle, und die Hyperrealisten der Kunstgalerien sind nur die schüchternen Voyeure eines immensen und dauerhaften *Objet trouvé*.

ständlich klarstellt, daß es in seinem magischen Bannkreis nichts anderes reproduziert als die Phantasie. Das Museum der dreidimensionalen Kunst verkauft seine Venus von Milo als »quasi echt«, während Disneyland sich erlauben kann, seine Reproduktionen als Meisterwerke der Fälscherkunst zu verkaufen, denn was es tatsächlich verkauft, nämlich seine Waren, sind keine Reproduktionen, sondern authentische Waren. Was gefälscht wird, ist unsere Kauflust, und in diesem Sinne ist Disneyland wirklich die Quintessenz der Konsumideologie. (...)

Denn als Allegorie der Konsumgesellschaft und Ort der absoluten Ikonizität ist Disneyland schließlich auch Ort der totalen Passivität. Seine Besucher müssen bereit sein, dort wie seine Automaten zu leben; der Zugang zu jeder einzelnen Attraktion ist streng geregelt durch Absperrgitter, Metallrohrgeländer und labyrinthisch verschlungene Gänge, die jeden Ansatz zu eigener Initiative im Keim ersticken. Die Menge der Besucher erzwingt

John Updike

L.A.

Im Zentrum steht man unversehns auf wind'gem Hügel,
gepflastert zwar, doch unkrautüberwuchert,
mannshoch auf einer Seite, auf der andern
die Autostraße tief durch den Canyon donnernd.
Neubauten blitzen spiegelgleich und werden
von dunklen Menschen eben erst errichtet,
die Ziegelblocks, wo Harald Lloyd herabhing,
zu Slums geworden, kauern nun im Schatten.

Der Fußgänger, er starrt erschreckt ins Weite.
Vereinzelt Palmen stehn wie Psychopathen.
Lehmfarben weckt das Smogband überm Himmel
Erinnern ans Konquistadoren-Fieber.
Sein blau Versprechen lockte viel zu viele
in dieser Engelswüste öde Weiten.

Charles Bukowski

Dichterlesung

12 Uhr mittags
ein kleines College
nah am Meer
ich bin nüchtern
der Schweiß läuft mir
aus den Achselhöhlen
ein Tropfen fällt mir
von der Nase auf den Tisch
ich drücke ihn mit dem
Finger platt
Blutgeld Blutgeld
mein Gott, die müssen denken
mir macht das Spaß, so
wie all den anderen
dabei mach ichs nur
für Knete und Bier und
die Miete
Blutgeld
ich bin verklemmt, ich lese
beschissen, es ist mir peinlich
die Leute tun mir leid
ich bin ein Versager
ein Versager

eine Frau steht auf
geht raus
knallt die Tür zu

ein dreckiges Gedicht
jemand hat mir gesagt, ich soll
hier keine dreckigen
Gedichte lesen

zu spät

manche Zeilen kann ich
kaum noch entziffern

ich lese trotzdem
weiter –

verzweifelt zitternd
beschissen

lauter, sagen sie
wir hören nichts mehr

ich stecks auf, sage ich
Schluß, das wars

später, in meinem Zimmer,
Scotch und Bier: das Blut
der Feiglinge

das also
ist meine Zukunft:
für ein paar mickrige Piepen
in kleinen dunklen Sälen
Gedichte lesen, die mir
längst zum Hals raushängen

und *ich* habe immer gedacht
Busfahrer und Latrinenputzer
und Opfer von Killern in
dunklen Gassen
seien arme Irre.

Robert Brinkmann

Mythos Hollywood

Ein Blick hinter die Kulissen

Hollywood: Der Name dieses Stadtteils von Los Angeles ist bedeutungsschwanger. Wie mit Coca Cola und Charlie Chaplin, dürfte es keine Ecke der Welt geben, wo man ihn noch nicht gehört hat. Das kann man von Echo Park, Los Feliz oder Mount Washington nicht behaupten, die ebenfalls Stadtteile von Los Angeles sind. Dem Ortskundigen dürften diese genauso fremd erscheinen wie die Städte Culver City, Burbank oder Studio City, die jedoch alle ebensoviel Filmstudios beherbergen wie Hollywood. Was mag die Realität aber schon heißen, wenn wir alle wissen, daß Hollywood eine Traumfabrik ist.

Die Traumfabrik

»Hollywood hat unser Unterbewußtsein kolonialisiert«, so wurde die Beziehung der Europäer zu diesem magischen Ort beschrieben. Ohne dabei ganz falsch zu gehen, könnte man wahrscheinlich einen Großteil unseres Bewußtseins hinzurechnen. In dem Rahmen, in dem unsere Wahrnehmung durch Hollywoods Filme beeinflußt ist, wird auch unsere Wahrnehmung von Hollywood beeinflußt. Die Realität dieser Stadt hat so wenig mit unseren Vorstellungen zu tun, wie Batman mit der Bekämpfung von Kriminalität, oder Indiana Jones mit Archäologie.

Der Mythos von Hollywood ist ein Teil des Amerikanischen Traums. Einfacher noch als vom Tellerwäscher zum Millionär kann man in Hollywood beim Trinken einer Cola in Schwab's Drugstore von einem Filmproduzenten »entdeckt« werden und zum weltberühmten Star (einschließlich der Millionen natürlich) aufsteigen. Das erfordert nicht einmal die harte Arbeit als Tellerwäscher, sondern nur eine Portion Glück. Als Star residiert man in einer Villa mit Swimmingpool, Butler und Chauffeur, feiert viel und arbeitet selten – ein Traumleben.

Soweit das Klischee. Erstaunlich ist, wie wenig geographischer Abstand von Hollywood notwendig ist, um diesem Traumbild zu verfallen. Touristen kommen nicht nur aus der ganzen Welt und aus allen Teilen der Vereinigten Staaten, sondern auch aus dem restlichen Kalifornien, um die Glitzerwelt mit eigenen Augen zu erleben.

Wer nun zum Mekka der Unterhaltung kommt, wird bald mit einem anderen Bild vertraut. Die Sterne auf dem Bürgersteig des Hollywood Boulevards führen an Touristenläden, Würstchenbuden und heruntergekommenen Kinopalästen vorbei. Der sogenannte »Walk of Fame« ist zwar berühmt, aber nicht besonders einladend; ein Mittel der Handelskammer Hollywood, den

Touristen das zu geben, wofür sie gekommen sind: »Stars«. Außer den Fußabdrücken vor dem Chinese Theater ist von den legendären Schauspielern nichts in Hollywood geblieben. Sie leben in den exklusiven Gegenden von Beverly Hills, Bel Air und Malibu. Ebenso wie die Studios haben sie Hollywood den Touristen überlassen und sich an schönere und ruhigere Orte zurückgezogen.

Die Besucher des Hollywood Boulevards treten meist in die betonierten Fußstapfen ihrer Stars oder nehmen an einer Rundfahrt zu den Häusern der Filmgrößen teil.

Die touristische Universal Studios Tour verspricht, einen Einblick in das tägliche Schaffen eines Filmstudios zu geben. Doch das Gegenteil ist der Fall. Die Besucher werden an eigens dafür vorgesehene Plätze gekarrt, wo »Schauspieler« (Angestellte der Touristikunternehmen, die meist aus arbeitslosen Schauspielern rekrutiert werden) eine Filmproduktion vorspielen. Eine echte Produktion könnte mit derartigen Unterbrechungen überhaupt nicht fertig werden. Bei Drehkosten, die zwischen 50 000 und 500 000 Dollar pro Tag betragen können, würde allein der störende Geräuschpegel ein Vermögen an verlorener Zeit kosten. So bleiben die Film- und Fernsehproduktionen in isolierten, schalldichten »Soundstages«, während die Tourbusse draußen vorbeifahren und den Neugierigen Attraktionen vorführen, die mehr mit dem Vergnügungspark Disneyland als mit einer Filmkolonne gemeinsam haben. Statt Aufklärung zu betreiben, werden hier Klischees vermarktet und bestätigt.

Show Biz

Selbst die weniger naiven Vorstellungen von Hollywood werden selten dem organisierten Chaos gerecht, das das Showbusiness ausmacht. Was wir uns unter »Filme machen« vorstellen, die eigentlichen Dreharbeiten, ist in der Tat die kürzeste Phase eines jeden Projektes. Weit mehr Zeit wird benötigt, um Filmprojekte zu entwerfen, die Ideen in Drehbücher zu verwandeln und immer wieder umzuschreiben. Der Begriff »development hell« wurde für diese Arbeitsphase geprägt, in der Produzenten, Studio Executives, Stars und Regisseure versuchen, sich auf den Film zu einigen, der gedreht werden soll. Der Film »Rainman« zum Beispiel brauchte, nachdem die Idee im Frühling 1986 von der Firma Guber Peters für Warner Brothers angenommen wurde, achtzehn Monate, sechs Autoren und vier Regisseure, bevor das Filmen beginnen konnte. Die Dreharbeiten dauerten dagegen nur 65 Tage. Nichts Außergewöhnliches, nur ein bißchen »development hell«. Viele Projekte erleben eine wesentlich längere Entwicklungsperiode, bevor sie endlich produziert werden oder den Gnadenschuß erhalten.

Weniger zeitraubend, aber auch länger als die Dreharbeiten, ist die Nachbearbeitung: Schneiden, mehrmaliges Umschneiden, sowie Ton, Musik und Effekte brauchen meist Monate und können sich in einigen Fällen selbst über Jahre hinziehen. So kommt es, daß der Film »Old Gringo«, selbst mit der vollen Unterstützung eines Stars wie Jane Fonda, nach sieben Jahren in der Vorbereitung und dreimonatigen Dreharbeiten noch eineinhalb Jahre in der Nachbearbeitung verbrachte, bevor er endlich in die Kinos kam. Von den rund 30 Millionen Dollar, auf die sich die Produktions- und Werbekosten beliefen, wird er kaum einen Bruchteil wieder einspielen.

Wie ist es möglich, daß ein Drehbuch über Jahre entwickelt wird und immer noch kein Meisterstück ist? Warum können selbst einflußreiche Stars sich nicht immer durchsetzen? Und wie kommt auf diese Weise überhaupt je ein Film zustande?

»Nobody knows anything.« Das ist die Regel, auf der Hollywood basiert, sagt William Goldman, einer der erfolgreichsten Autoren Hollywoods, in seinem Buch »Adventures in the Screentrade«. Filme zu produzieren und in Kinos, im Fernsehen oder durch Kabel und per Videokassetten zu vermarkten, ist ein Geschäft. Wie in jeder anderen Branche, versuchen die Geschäftsführer (Studio Executives), einen Profit zu machen. Im Unterschied zu anderen Industriezweigen jedoch investiert ein Hollywood Film Studio viel Geld in nur wenige Produkte. Das durchschnittliche Budget für einen Studiofilm beträgt zwanzig Millionen Dollar, und pro Studio werden im Jahr nur etwa ein halbes Dutzend Filme produziert. Insofern müssen die Verantwortlichen versuchen, möglichst nur Filme zu machen, die an der Kinokasse populär sind. Daher die »Blockbuster Mentality«: Studios geben lieber 30 Millionen Dollar für einen Film mit großen Stars und vielen Effekten aus, der ein »Blockbuster« werden könnte (d. h. über 100 Millionen Dollar in den Kinos in den USA einnimmt), als daß sie sechs künstlerisch anspruchsvollere Streifen für fünf Millionen Dollar pro Film produzieren, die selbst zusammengerechnet keine Chance haben, auch nur annähernd so viel Geld einzuspielen. Die Lotterie lohnt sich. Selbst wenn ein Film wie »Heaven's Gate« nicht einmal seine Werbekosten wieder einspielt und zu einer Steuerabschreibung von 50 Millionen Dollar führt, so gibt es doch Filme wie »Batman«, der innerhalb weniger Wochen 250 Millionen Dollar in den amerikanischen Kinos eingespielt hat und zum größten Blockbuster aller Zeiten geworden ist. Durch Fernseh-, Kabel-, Kassetten-

und Auslandseinnahmen wird er noch auf Jahre hinaus Profite einbringen und den verantwortlichen Studio Executives Arbeitsplätze bei den großen Firmen sichern.

Wie bei »Ghostbusters II«, »Back to the Future III«, »Police Academy VI« und »Friday the 13th VIII« ist auch in diesem Fall mindestens Teil II unvermeidlich. In einem Geschäft, wo niemand voraussagen kann, ob sich eine Investition auszahlen wird oder nicht, greift man gerne auf bekannte Faktoren zurück – auf 250 Millionen Dollar zum Beispiel.

Jack Nicholson, Clint Eastwood und Dustin Hoffman. Jane Fonda, Michelle Pfeiffer und Kathleen Turner. Steven Spielberg, Woody Allen und Sidney Pollack. Stars und Star-Regisseure. Diese Menschen stehen im Rampenlicht einer Industrie, die selbst das Rampenlicht darstellt. Sie (und andere) sind so berühmt, ihre Namen so bekannt, daß ihre Beteiligung an einem Film – zu einem gewissen Grad – den finanziellen Erfolg sichern kann. Folglich kann auch ihr Interesse an einem Drehbuch die Finanzierung ermöglichen. Doch selbst wenn manches Projekt nicht ohne einen vermarktbaren Namen zustande kommt – und andere scheinbar nur durch das Interesse eines Stars – so kann doch keiner von ihnen einen Film allein drehen.

Hinter den Kulissen gibt es eine Armee von Handwerkern, Spezialisten und Künstlern, ohne die es keine Dreharbeiten geben kann. Hunderte dieser Arbeiter fügen ihr Können der Produktion eines Filmes in den verschiedenen Stadien bei. Ihre Namen sind den Kinogängern meist unbekannt, aber die Resultate ihres Wirkens haben sie mit großer Wahrscheinlichkeit schon gesehen oder gehört. Es ist die Masse derer, die nicht berühmt sind und keine Millionen verdienen, die weder Butler noch Chauffeure oder auch nur Agenten oder Rechtsanwälte beschäftigen, deren täglicher Existenzkampf die Arbeit liefert, die die Filmproduktion in Hollywood möglich macht. An denselben Schauspielschulen, Filmakademien oder als Lehrlinge in den einzelnen Handwerken ausgebildet, konkurrieren sie in Hollywood um Jobs und Karriere. Viele haben das Ziel, selbst einmal als Regisseur, Produzent oder Star im Rampenlicht zu stehen oder wenigstens als Star-Techniker im Kreise Hollywoods Erfolg zu haben.

Für diese Frauen und Männer, die Elektriker, Fahrer, Kameramänner, Maskenbildner, Bühnenbildner, Kostümbildner, Regieassistenten, Schauspieler, Tiertrainer, Tonmeister, Stuntmen, Schreiner, Maler, Produktionsleiter, Aufnahmeleiter, Köche, Komparsen, Kameraassistenten, Helfer, Requisiteure und viele mehr sind Dreharbeiten nichts Aufregendes oder Besonderes, sondern harte Arbeit. Sie alle haben ihre bestimmten Aufgaben, denen sie nachgehen, um sie im richtigen Moment vor oder hinter

der Kamera auszuführen. Nur durch genaue Planung und präzise Ausführung läßt sich die Umsetzung einer im Drehbuch beschriebenen Szene realisieren.

Dem Regisseur, den Technikern und Schauspielern bei der Arbeit zuzusehen, ist normalerweise nicht möglich. Auf dem Set, wo eine Vielzahl von Personen ihren jeweiligen speziellen Aufgaben nachgeht, die alle reibungslos zusammen funktionieren müssen, können Besucher durchaus gefährdet sein, und sie stören fast immer. So kann man eine Produktion eigentlich nur zufällig auf der Straße bei Außenaufnahmen beobachten. Wer aber durch Bekannte oder Freunde doch einmal richtig dabei sein kann, wird meist schwer enttäuscht. Es scheint, als würde stundenlang nichts oder immer nur dasselbe passieren. Selbst bei atemberaubenden Stunts wird dem geduldigen Zuschauer stundenlanges Warten mit nur wenigen Sekunden ›action‹ belohnt.

Szenen werden unter großem Aufwand in einzelnen Aufnahmen gefilmt. Man geht davon aus, daß bei einem Spielfilm pro Drehtag nur zwei Minuten des Endproduktes gefilmt werden. So vergehen dann Stunden, in denen Generatoren Elektrizität erzeugen, Kabel verlegt werden, Lampen aufgebaut und gehängt werden, Requisiteure Spielfläche und Hintergrund arrangieren, in denen die Szene beleuchtet wird, Kamerafahrten vorbereitet und geprobt, Schauspieler kostümiert und geschminkt werden, bis endlich die erste Aufnahme stattfinden kann. Die wird so oft wiederholt, bis sie dem Regisseur gefällt und gleichzeitig ohne technische Probleme abgelaufen ist.

Nach der ersten Einstellung (meist die Totale), werden die Halbtotale und die Naheinstellungen der Schauspieler gefilmt. Selbst bei einer relativ einfachen Szene mit zwei an einem Tisch sitzenden Personen heißt das, daß man bei Einstellungen aus drei Perspektiven und vier Aufnahmen pro Einstellung den Dialog mindestens zwölf Mal zu hören bekommt. Wer bei derart monotonen Vorgängen keine Verantwortung für eine bestimmte Aufgabe hat, wird mit Sicherheit gelangweilt. Wenn die Szene ausreichend gefilmt ist, kündigt der Regieassistent an: »We're on the wrong set!«, und es geht weiter mit der nächsten.

Ein Drehtag ist normalerweise zwölf Stunden lang, dauert aber oft so lange, bis der Drehplan erfüllt ist oder die Überstunden zu teuer werden. Es gibt keine reguläre Arbeitszeit. Je nachdem, was das Drehbuch erfordert, wird tagsüber oder nachts im Studio oder draußen gefilmt. Der Arbeitstag fängt mit der »calltime« an, die genauso abends um 20 Uhr wie morgens um fünf Uhr sein kann. Sicher ist nur, daß man nach zwölf, sechzehn, achtzehn oder mehr Stunden Arbeit zehn Stunden frei bekommt, bevor es am nächsten »Tag« weitergeht. Nach fünf oder sechs Tagen (je nach Vereinbarung) hat man einen oder zwei Tage als »Wochenende« (auch der Wochenbeginn wird willkürlich festgelegt) frei. Nach zwei bis drei Monaten ist der Film vorüber. Dann sind die meisten wieder arbeitslos.

Die Struktur dieser Arbeitswelt ist Europäern, die an die Vorzüge des Sozialstaates gewöhnt sind, fremd. Es gibt keine Festanstellungen, keine Arbeitsplatzgarantie, keine Rente, und wenn man nicht gerade arbeitet, auch keine Versicherung. Da viele mit dem Ziel, in der Filmindustrie zu arbeiten, nach Los Angeles kommen und Mitarbeiter an den Produktionen aus diesem »Pool« von verfügbaren Arbeitskräften rekrutiert werden, ist der Konkurrenzdruck sehr hoch. Für jeden, dem etwas nicht paßt, gibt es genügend andere, denen das gar nichts ausmacht. Die einzige Sicherheit, die man haben kann, ist die Qualität der eigenen Arbeit. So haben dann die meisten in der Filmbranche Tätigen zwei Dinge gemeinsam: Sie mögen ihren Beruf, und sie verbinden die Arbeit mit einem hohen Grad von Berufsethos. Wem es gelingt, sich mit guter Arbeit einen Namen zu schaffen, dem wird es nicht so schwerfallen, genügend Arbeit und Bezahlung zu erhalten.

In einigen Fällen können die Belohnungen fast unvorstellbar sein. Stars, Studio Heads und einige Produzenten und Regisseure gehören zu den höchstbezahlten Individuen in den USA. Was aber in den Statistiken nicht erwähnt wird ist, daß Tausende von jungen Frauen und Männern mit dem Traum, Stars zu werden, nach Los Angeles kommen. Die meisten werden sich jedoch ihr Geld als Kellner in Restaurants verdienen müssen. In schlimmeren Fällen kümmern sich die wenigen Fürsorgestellen um die Jugendlichen, die einst mit anderen Vorstellungen von zu Hause wegliefen und jetzt als Prostituierte zu überleben versuchen. Nur die wenigsten können ihren Lebensunterhalt als Schauspieler verdienen.

Es ist aber weniger interessant, von diesen Dingen zu berichten, als von Lana Turner in Schwab's Drugstore. Auch Kim Basinger, die als Mädchen vom Lande nach Hollywood kam und als Filmstar zurückkehrte, um ihren gesamten Heimatort aufzukaufen, gibt besseres Material ab. Diese Geschichten lassen sich von Magazinen vermarkten, bringen Touristen nach Hollywood und sorgen für Nachwuchs, and: That's good business!

Michael Schulte

Die Eisdiele in Bisbee

Alltag in einer Kleinstadt Arizonas

Wenige Minuten nach dem ersten Hahnenschrei wird das Städtchen aktiv. Ob man etwas zu tun hat oder nicht, ob Pflichten rufen oder nicht, man steht bei Tagesanbruch auf, besorgt die nötigsten Rituale einer Morgentoilette und macht sich an die Arbeit. Schon vor drei Jahren hatte man sich vorgenommen, den Zaun zu streichen, also transportiert man die Farbtöpfe in den Garten, legt die Pinsel zurecht, heute ist der große Tag, an dem der Zaun gestrichen wird, doch findet man leider den Spachtel nicht, mit dem man die alte Farbe abkratzen wollte. Man läuft runter zur Kreuzung, um zur Eisenwarenhandlung zu trampen. Keiner nimmt einen mit, nach einer Stunde gibt man auf, um im *Palace* zu frühstücken. Man bestellt ein Käsesandwich, das 99 Cents kostet, und Kathy bittet den Gast, im voraus zu bezahlen – von dem Geld wird sie die Ingredenzien für das Sandwich kaufen. Der Gast wartet geduldig, 45, 60 Minuten lang. Zur Belohnung seines Harrens bekommt er eine Tasse Kaffee umsonst – eine Tasse jenes Kaffees, der so schlecht ist, daß er zur Touristenattraktion avanciert ist.

Sie stehen mit dem ersten Sonnenstrahl auf und fangen *irgend etwas* zu arbeiten an, sie wursteln, krokeln, basteln, sie räumen den Eimer, die Harke und den Rechen von der vorderen linken in die hintere rechte Ecke des Gartens, sie sägen Bretter zurecht, um ihrer Hütte ein Bade- oder Gästezimmer anzufügen, die Bretter werden hinter dem Haus gestapelt, wo sie liegenbleiben, bis sie vom Regen u-förmig geworden und aufgequollen sind, dann werden sie zu Kleinholz für den Ofen gemacht. Man arbeitet, ist emsig, jedoch auf eine Weise, die von keiner ökonomischen Theorie der Welt gestützt wird – das ist weder Kapitalismus noch Marxismus, es ist nichts, einfach nichts, Arbeit um der Arbeit willen, schwitzende Unproduktivität ohne Angebot und Nachfrage. Man achtet geradezu pedantisch darauf, daß jedwelche Tätigkeit keinen roten Heller einträgt. Nichts wird in Umlauf gesetzt, nichts geht in die Welt, in das *System* hinaus, das verhaßte, schließlich ist man nach Bisbee gezogen, um dem System den Rücken zu kehren. Vielleicht möchten sie ihren Kindern nur einmal sagen können, was sie selbst sich immerzu von ihren Eltern hatten anhören müssen: »Ich bin jeden Tag um sechs aufgestanden und habe gearbeitet, hart gearbeitet.« Vermutlich wird man verschweigen, daß man gewöhnlich um 10 Uhr Hammer und Kelle fallen ließ, um sich dem Müßiggang zu widmen, um die Main Street entlangzuschlendern, den Rest des Tages im *Palace* oder in der Eisdiele zu verbringen.

Die Eisdiele gibt es inzwischen nicht mehr, da auf dem Gebäude Brewery Gulch, Ecke Howell Avenue offenbar ein Fluch lastet. Wie anders ist es zu erklären,

daß jedes, aber auch jedes Unternehmen, das sich in diesen Gemäuern etabliert hatte, über kurz oder lang pleite gegangen ist? Ein paar Restaurants, ein Spielwarengeschäft, eine Musikalienhandlung, die Kunstgalerie *Goldener Westen* und *Chuck's Anglerparadies* waren bereits den Bach runtergegangen, als Herb und Sandra Simon Bisbees erste und einzige Eisdiele in besagten Räumlichkeiten eröffneten – vom ersten Tag an ein beispielloser Erfolg. Herb und Sandra stellten ihr Eis selbst her – nach einem alten Rezeptbuch, das sie einmal für 25 Cents bei einem Antiquar in Big Spring, Texas, gekauft hatten – und führten zunächst nur drei Sorten: Pistazie, das nach Seife schmeckte, Schokolade, das nach Backpulver schmeckte, und Vanille, das nach gar nichts schmeckte. Außerdem hatte das Eis die Angewohnheit, erst am Löffel und dann am Gaumen kleben zu bleiben. Gewiß, da war noch manches verbesserungswürdig, doch wußten Bisbees Einwohner die Bereicherung des gastronomischen Angebots zu schätzen und unterstützten die Eisdiele nach Kräften. Die Simons schöpften Mut und erweiterten die Skala um Himbeer und Erdbeer (die identisch schmeckten, weswegen sie Himbeer bald wieder von der Karte strichen), Zitrone, Banane und Wassermelone. Ein paar Monate später erwarben sie eine Espressomaschine. Als sie das Ding auspackten, fanden sie auf dem Boden des Kartons eine 40 Seiten starke Gebrauchsanweisung, die in schlechtem Englisch und versehen mit einem Dutzend Planskizzen die Vermutung nahelegte, daß eine Espressomaschine höchste Ansprüche an den technischen Verstand des Eigentümers stellt und ihre Inbetriebnahme kaum weniger kompliziert als die eines Atomkraftwerkes ist. Nachdem Herb und Sandra die Gebrauchsanweisung zwei Wochen lang studiert hatten, ohne auch nur ein Wort zu kapieren, lernte Herb in der Bar des *Copper Queen Hotels* einen durchreisenden Ingenieur kennen, der ihm anschaulich und in leicht faßlicher Sprache jeden Knopf und Hebel, jeden Hahn und jedes Röhrchen, die Schalter und Stecker, die Deckel, Filter und Schächte des verworrenen Mechanismus erklärte, wobei er auf eine Serviette das Skelett einer Espressomaschine zeichnete. Dreimal ließ sich Herb alles beschreiben, dann war er seiner Sache sicher. Er hatte das System der Maschine verinnerlicht, kannte und beherrschte im Geiste den Automaten wie ein pensionsreifer italienischer Ober. Am nächsten Morgen konnte er es kaum erwarten, das Geschäft zu öffnen und die Maschine endlich anzuschließen. Er füllte Kaffeepulver und Wasser ein, stellte zwei Mokkatassen auf das Stahlgitter unter dem Röhrchen, schloß die Maschine an das Stromnetz an, drückte Knöpfe, öffnete Hähne, tätigte Schalter, kontrollierte Kontrollämpchen und wartete. Einige Minuten lang geschah

nichts, dann hörte man das Wasser brodeln, wenig später schoß heißer Dampf aus allen Öffnungen des Geräts, gefolgt von einer ohrenbetäubenden Explosion, die die Schaufenster der Eisdiele zerbersten ließ, ein Loch in die Mauer zum Nachbarhaus riß und fünf Gästen Brand- und Schürfwunden zufügte.

Dieses Mißgeschick war aber nicht die größte Katastrophe in der Geschichte Bisbees erster, einziger und bislang letzter Eisdiele. Nachdem Mr. Simon seinen Ford ein halbes Jahr ununterbrochen im Halteverbot geparkt hatte, fand es ein Polizist an der Zeit, einen Strafzettel unter den linken Scheibenwischer zu klemmen. Herb Simon drehte durch. Der Wahnsinn, dieses lauernde Gespenst, hatte wohl geraume Zeit in seiner gequälten Seele gehaust, ein tückischer Untermieter, ein blinder Passagier, der nur auf eine Gelegenheit gewartet hatte, offen und unverschämt sein Opfer in Besitz zu nehmen. Herb Simon griff den Strafzettel, stob zum Polizeirevier und verlangte nach dem Telefon.

»Was soll das?« versuchte der diensthabende Polizist zu beschwichtigen. »Herb, willst du wirklich wegen eines lumpigen Strafzettels deinen Anwalt anrufen?«

»Nein«, schnaubte Herb, »ich will meinen guten Freund, verstehst du, meinen *guten* Freund Richard Nixon in Washington anrufen. Und er wird euch die Leviten lesen, alter Junge. Entweder du zerreißt den Strafzettel oder ihr sitzt alle bis über die Ohren in der Scheiße.«

Am nächsten Tag wurde es noch schlimmer – nun war Herb nicht mehr ein Freund des Präsidenten, er *war* der Präsident der Vereinigten Staaten. Am übernächsten Tag erzählte Herb seinen Gästen, er sei mit einem Raumschiff auf der Erde gelandet, um die Menschen vor dem Untergang zu retten, – höchste Zeit, Herb Simon in das Spital für Geistesgestörte in Tucson einzuliefern, um ihm professionelle Hilfe angedeihen zu lassen. Nach einer Woche wurde Herb für harmlos befunden und wieder entlassen. Er kehrte zurück zu Ehefrau

und Eisdiele und fing bald wieder an, von Spiralnebeln und UFOs zu reden, von seiner galaktischen Herkunft, von seinem eigentlichen irdischen Zuhause, dem Oval Office in Washington D.C.

Mrs. Simon rief den Chefarzt der Nervenheilanstalt in Tucson an und verlieh der Befürchtung Ausdruck, ihr Mann sei nicht vollständig geheilt.

»Mrs. Simon«, sagte der Chefarzt, »wenn wir alle Leute in den USA einsperren würden, die sich für den Präsidenten halten, hätten wir viel zu tun.«

»Und was ist mit den Wahnvorstellungen, er sei hier in einer fliegenden Untertasse gelandet?«

»Diese psychischen Phänomene werden noch erforscht«, versicherte der Chefarzt, »was sich als sehr schwierig erweist, da es zu Lebzeiten Sigmund Freuds weder Raumfahrt noch UFOs gegeben hat und er sich bedauerlicherweise dazu nicht hatte äußern können. Wir nehmen an, daß diese Auswüchse einer kranken Phantasie etwas mit einem Mutterkomplex zu tun haben. Auf jeden Fall ungefährlich, Mrs. Simon.«

Die Stammkundschaft der Eisdiele schwand dahin; nicht daß sie Herbs Geschichten gestört hätten, nur wiederholten sie sich so oft, daß man ihrer überdrüssig wurde. Mrs. Simon schloß die Eisdiele, verkaufte die Reste der Espressomaschine und das andere Inventar und begab sich mit ihrem Mann auf Reisen.

»Wo fahren wir hin?« fragte Herb.

»Nach Washington D.C.«, sagte Sandra.

»Gut«, sagte Herb.

Und so durchkreuzen sie seit Jahren die Vereinigten Staaten, lassen sich für ein paar Wochen oder Monate in der einen oder anderen Kleinstadt, dem einen oder anderen Dorf nieder, bleiben, bis die Bewohner Herbs Geschichten nicht mehr hören wollen und einen Umzug nahelegen. Dann packen sie wieder und ziehen weiter, Amerika ist groß, und manchmal sagt Herb: »Ich hätte nie gedacht, daß Washington so weit ist.«

Till Bartels

Spielen(d) lernen in Las Vegas

Das Angebot für einen Wochenendausflug nach Las Vegas war verlockend. Der Preis inklusive Transport von und nach Los Angeles, Leihwagen vor Ort und zweier Übernachtungen in einem Hotel der Luxusklasse war kaum teurer als eine Butterfahrt zur Insel Helgoland. Der Trip sollte allerdings nicht am frühen Morgen im Omnibus beginnen, sondern abends und mit dem Flugzeug. Wenn das kein Angebot war.

Eine Viertelstunde nach dem Start wurde mir klar, daß die Fluggesellschaft bereits jetzt auf ihre Kosten kam. Statt die sonst üblichen Cocktails zu servieren, zogen die Flugbegleiter mit fahrbaren Roulettetischchen durch den Kabinengang, und die meisten Passagiere zückten wie selbstverständlich ihre Geldbörsen. Während 8000 Meter unter uns der Schatten des Flugzeugs über die Mojave Wüste huschte, versuchten sich die ersten darin, das Wochenende durch Spielen zu finanzieren. Die Stewardessen wurden zu fliegenden Croupiers und machten auf dem einstündigen Flug sicherlich mehr Gewinn, als durch den Verkauf zollfreier Waren.

The American Way to Play

In der Ankunftshalle des McCarran International Airport begrüßten mich die ersten der insgesamt 80000 »einarmigen Banditen« von Las Vegas, die einen auf Schritt und Tritt bis fast auf die Toilette verfolgen. Es sind die beliebtesten Spielautomaten, weil sie bereits bei einem geringen Einsatz losschnurren. Schon eine Vierteldollar-Münze versetzt die drei Zahlenwalzen mit den Zitronen-, Kirsch- und Glöckchenreihen in Bewegung. Mit dem Griff zum seitlich angebrachten Hebel glauben die Spieler das Glück in der Hand zu halten: den »Jackpot«, den Höchstgewinn von zehn Dollar, ausgespuckt in vierzig »Quarters«.

Unschlüssig wie eine Kugel beim Roulette, die zwar in einer vorgeschriebenen Bahn rollt, aber nicht weiß, wo sie zum Stehen kommt, fahre ich mit dem Leihwagen den Las Vegas Boulevard hinunter. Schon die Autofahrt durch die Stadt stimmt unmerklich auf das Roulettspiel ein: Die Parkplatzflächen sind in dem Straßenraster so

plaziert wie die Zahlenfelder auf dem Spieltisch – so die Analyse des amerikanischen Architekten Robert Venturi in seinem Buch »Lernen von Las Vegas«. Verstärkt wird die Zufallsentscheidung durch eine abwechselnde Mittelspur, die auch einfaches Linksabbiegen zu den Glücksspieltempeln ermöglicht.

Auf dem berühmt und berüchtigten vier Kilometer langen »Strip«, wie die »Route 91« auf diesem Stück genannt wird, liegen die meisten Hotels und Kasinos, die mit Lichtzuckungen und überdimensionierten Reklametafeln in den schrillsten Neonfarben um die Gunst der Kundschaft buhlen – 1988 reisten 18 Millionen Besucher nach Las Vegas! Meist kommen Unterkunft und Vergnügen im Doppelpack, denn jeder Name steht für eine in sich geschlossene Welt – inklusive aller nur denkbaren Variationen von Unterhaltung, Restaurants und Läden. Es sind Stätten mit klangvollen Namen, bei denen die Träume von Reichtum, märchenhafter Wüste und geheimnisvollen Legenden aus Tausendundeinernacht mitschwingen; Aladdin, Caesars Palace, Circus Circus, Dunes, Flamingo Hilton, Mirage, Sahara, Stardust und Tropicana.

Das Prinzip der Verlockung ist überall dasselbe. Die Fassaden protzen mit Versprechungen (»Hottest Slots in Town«, »Free Dinners For Winners«), deren Übergröße proportional zur dahinterstehenden Leere ist. Innen gibt es keine Lobby, keine Empfangstresen wie bei einem herkömmlichen Hotel, keinen Übergangsbereich zwischen Innen und Außen; sofort verfängt man sich in den Armen der Riesenkrake Las Vegas, die zum Spielen zwingt. Die Geräuschkulisse dieser Metropole der Besessenen sind die »slot machines« mit ihrem ohrenbetäubenden Geklackere beim Ausspucken der Münzen. Hier hängen Hunderte an den »einarmigen Banditen«, dem billigsten und simpelsten Vergnügen. Die Gewinne prasseln in Plastikbecher von der Größe kleiner Papierkörbe, die die Leute mit sich herumtragen. Höher wird der Einsatz bei den Kartenspielen, bei Craps, einem Würfelspiel an einem Roulette-ähnlichen Tisch, oder bei Blackjack und den komplizierteren Spielen wie Psi Gow Poker und Baccarat (Mindesteinsatz zwanzig Dollar), die nicht per Schnellkurs im hauseigenen Kabel-TV-Programm zu erlernen sind.

Die Kasinos sind perfekt durchgestylte Irrgärten, die das Zurechtfinden unmöglich machen: Wasserfontänen, Wandelgänge und Labyrinthe wechseln sich ab mit unzähligen Spieltischen. Dazu Cocktailgirls mit superlangen Beinen (»Can I get you a drink?«) und über allem eine ununterbrochene sirupartige Berieselung mit »Airportjazz«, der in aller Welt verbreiteten Fahrstuhlmusik. Anstelle von Stufen sind fast überall Rampen für Rollstuhlfahrer eingebaut worden, damit auch sie sich spielend fortbewegen und ihr Geld ausgeben können. Ununterbrochen action, rund um die Uhr. Kein Winkel, in dem nichts passiert. Keinerlei Orientierungsschilder, keine Uhren und kein einziges Fenster. Das hilft, einen künstlichen Raum zu etablieren, in dem das Zeitgefühl wie aufgelöst erscheint. Die Wahrnehmung kann sich an keiner Außenwelt mehr orientieren. Ein vollklimatisiertes Tiefseeaquarium, dunkel und grell zugleich. Hier ist man zur Schlaflosigkeit verurteilt, aber wegen der direkten Befriedigung menschlicher Bedürfnisse kommt ja auch niemand nach Las Vegas: Nur noch das Spielen zählt.

Aufstieg in die Römerzeit

In Caesars Palace transportieren Förderbänder, wie sie zwischen verschiedenen Terminals auf Flughäfen im Einsatz sind, die potentiellen Spieler von der Straße direkt vor die Kasinotische. Die Röhren wirken wie »time tunnels« in die Römerzeit – und gleichzeitig zurück, in die Hochburg der kapitalistischen Freizeitgestaltung: die Spielbank.

Von weitem betrachtet hat der Gebäudekomplex den Charme einer Hochhausgarage. Doch aus der Nähe entpuppt er sich als ein griechisch-römischer Tempel, zu dem die Touristen pilgern. Da geben sich Antike und »Old Europe« als Statuen ihr Stelldichein: der reitende Mark Aurel, Bacchus, Nike, Augustus von Primaporta und Michelangelos David. Alles aus reinstem Marmor, in Bronze gegossen oder in Gips nachgeformt. Kleopatra ist sogar wiederauferstanden und lustwandelt lebendig zum Anfassen und Fotografieren durch das »Olympic Casino«. Jetzt dürfen die vollautomatischen Kompakt-Kameras klicken, denn ansonsten herrscht in den Kasinos strengstes Fotografierverbot, um die Anonymität zu gewährleisten.

Dieses Hotel der Superklasse verfügt über 1600 Zimmer und Suiten, in denen alles vom Feinsten ist. Das Etablissement bietet ein dekadentes Ambiente, das selbst das Leben der Patrizier im alten Rom als vorsintflutlich deklassiert hätte.

Aber auch hier ist der Luxus nur Kulisse, die Spuren der Vergangenheit in den drei riesigen Hallen des Geldes sind Attrappen und Verzierungen für das große Spiel der Einsamen. Wie überall jagt ein Superlativ den nächsten, so etwa der »hot slot«, der nur vergoldete Hundertdollar-Jetons schluckt. Der Jackpot ist entsprechend groß, doch nur wenige werden über Nacht zum Millionär – wie zum Beispiel Yong Ketron, eine Hausfrau aus Detroit. Sie gewann am 11. Dezember 1986 im Reich des Cäsars 2 599 552 Dollar.

Auf Schatzsuche

Schon im vorigen Jahrhundert war Las Vegas eine Quelle, allerdings natürlicher Art. Wegen zweier artesischer Brunnen ließen sich hier Mormonen nieder, und ab 1904 legte die Dampflok auf dem Weg von Salt Lake City nach Los Angeles einen Zwischenstop ein. Der Name Las Vegas stammt von den Spaniern: las vegas – die Wiesen.

Nachdem das »gambling« 1931 im Bundesstaat Nevada legalisiert worden war, kam kurz nach dem Zweiten Weltkrieg der Gangster Benjamin Sigels, genannt »Bugsy«, auf die Idee, einen als Mississippidampfer getarnten Amüsier- und Bordellbetrieb hier in der Wüste stranden zu lassen. Er »be-sigelte« damit die Zukunft des ehemaligen Mormonendorfes, das 1940 gerade 8000 Einwohner zählte, indem er das Spielen »verindustrialisierte«. 1946 errichtete er sein Hotel-Kasino »Pink Flamingo«, einen Luxusschuppen, in dem sich die Reichen aus Los Angeles vergnügen sollten. Zwar wurde er schon wenige Jahre später erschossen, doch sein Rezept überlebte: bestes Show-Biz, höchster Komfort und niedrige Übernachtungspreise, die durch die Gewinne des Kasinos wieder ausgeglichen werden.

Nach diesem Prinzip entstand ein Hotelkasino neben dem anderen zu beiden Seiten des »Strips«, und schon in den frühen fünfziger Jahren hatte Las Vegas den Ruf, die größte Spiel- und Showstadt Amerikas zu sein. Heute stehen 45 000 Hotel- und 17 500 Motelzimmer zur Verfügung. Im Großraum Las Vegas leben fast 700 000 Menschen, und achtzig Prozent der Arbeitskräfte finden eine Anstellung in der Kasinobranche.

Außerdem floriert das Geschäft mit Hochzeit und Scheidung, ein Anruf genügt (»One phone call is all it takes«). Durchschnittlich 67 000 Paare pro Jahr lassen sich in einer der dreißig kitschigen »wedding chapels« trauen, wie schon vor ihnen Joan Collins, Frank Sinatra, Eddie Fisher, Elizabeth Taylor und Bruce Willis (»all mayor credit cards honored«). In diesen Miniaturkirchen im Disneylandstil gibt es Hochzeiten vom Fließband. Besonders an beliebten Feiertagen wie Neujahr, am Valentinstag und im Juni fahren die verlängerten Lincoln-Limousinen 24 Stunden am Tag vor die Trau-altäre. Zehn Minuten später wird den frisch Vermählten die fertige Videokassette mit der »Zeremonie« am Ausgang überreicht (»extra charge: 90 Dollar«). Auch die Formalien sind denkbar unkompliziert. Ein Aufgebot ist nicht erforderlich. Benötigt wird nur eine »marriage license«, die das »Clark County Clerk's Office« für 27 Dollar ausstellt: Täglich von acht Uhr morgens bis Mitternacht, an Wochenenden sogar rund um die Uhr.

Disneyland in the desert

Diejenigen, die sich Las Vegas tagsüber mit dem Auto nähern, finden eine völlig andere Stadtlandschaft vor: Diese Oase mitten in der Wüste entsteht aus dem Nichts, der »Strip« wirkt so irreal wie das Negativ einer Fotografie, das sich erst mit dem Sonnenuntergang zum Positiv entwickelt.

Wie kein vergleichbarer Ort in den Vereinigten Staaten wurde diese Stadt in den letzten fünfzig Jahren zur Spielwiese von Millionen – mit Milliardenumsätzen. Hier spielt eine Nation mit sich und ihren Träumen. Die Gäste befinden sich nur auf der Durchreise, sie mieten sich für wenige Tage in einem der Hotels ein, begeben sich auf Schatzsuche und hoffen, Glück und Geld zu finden.

Den öffentlichen Platz, der sonst in den Städten der USA nicht existiert, die »Piazza«, gibt es hier in den Kasinos. Dort befindet sich der ideale Raum, um Amerika zu beobachten und ihm beim Spiel über die Schulter zu schauen.

In den verschiedenen Kasinos von Las Vegas sind alle Schichten vertreten. Im Gegensatz zu den Spielkasinos der italienischen und französischen Riviera, die den Privilegierten vorbehalten bleiben, kann in Las Vegas jeder spielen; es gibt keinen Kleiderzwang.

Hier kommen die Einsamen zusammen, die Reichen im privaten Learjet und die Rentner, die jahrelang für ein Wochenende in Las Vegas gespart haben. Die Hausfrauen aus dem Mittleren Westen, die schwarzen Frauen, die auf Tina Turner machen, die Magersüchtige und auch der Übergewichtige, der mit seinem überladenen Teller vom »all you can eat buffet« nur auf zwei Stühlen gleichzeitig Platz nehmen kann. Alle Typen sind hier repräsentiert, vom pensionierten Eisenbahner bis zum Möchtegern-Schwarzenegger. Es ist ein Quer- und Durchschnitt eines Volkes, doch das Übermaß von normalen Durchschnittsamerikanern sticht hier ins Auge.

Nirgendwo kann man sich so perfekt ablenken lassen, den kleinen und den großen Sorgen entfliehen, wie in Las Vegas. Hier ist die Bühne für die besten Stars im Showbusiness, allen voran »Siegfried and Roy«, dem Unterhaltungsduo im »Mirage«. Für den spielenden Touristen geht hier an einem Wochenende der Wunschtraum in Erfüllung, wenigstens einmal Gewinner zu sein; er wird in dem Glauben gelassen, »winner« und nicht »loser« zu sein – auch wenn er verliert, ist es ja nur Spiel. Keiner von denen, die mit mir am Sonntag das Flugzeug besteigen, das uns zurück in den amerikanischen Alltag befördert, dürfte mehr Geld in der Tasche haben, als auf dem Hinflug. Die einzig wirklichen Gewinner in Las Vegas sind immer die Kasinos. Ihr Reingewinn betrug im letzten Jahr allein drei Milliarden Dollar.

Till Bartels

Kalter Krieg im Wüstensand

Atombombenversuche in Nevada und die Folgen

William Sleight aus St. George, Utah, war noch vor Sonnenaufgang aufgebrochen. Am Morgen des 19. Mai 1953 fuhr er mit seinem Auto auf dem Highway 91 Richtung Las Vegas, Nevada. Es wurde gerade im Osten hell, als er ein verwirrendes Schauspiel wahrnahm: Zwei Sonnen schienen gleichzeitig aufzugehen, auch im Westen verfärbte sich plötzlich der Himmel. »Ich sah einen riesigen roten Blitz, der über Hunderte von Meilen sichtbar war«, schrieb er später in sein Tagebuch. »Ich hatte mein Autoradio an, und der Sprecher des Senders KFI in Los Angeles sagte, daß um fünf Uhr morgens eine Bombe explodiert sei, deren Leuchten er sogar von der Radiostation aus gesehen hatte.«

Nach zehn Minuten fuhr William Sleight weiter, bis er am Straßenrand anhielt und ausstieg. Die Erde zitterte, und über ihm donnerte es wie bei einem Gewitter. Er wurde zum Ohren- und Augenzeugen des Atomtests »Harry«, der wegen seiner weitreichenden Strahlenwolke bald nur noch »Dirty Harry« genannt wurde. »Als ich weiterfuhr, hielt mich ein junger Mann an, der mit einem Gerät mein Auto untersuchte, um festzustellen, ob es radioaktiven Staub abbekommen hatte. Doch der Geigerzähler schlug nicht aus, und mir ging somit ein Gutschein für eine kostenlose Autowäsche durch die Lappen, die der Wagen durchaus vertragen hätte.«

Mehrere Jahrzehnte später ist der Ort St. George unter den sandsteinroten Klippen im Süden des Mormonenstaates Utah zu einer Geisterstadt besonderer Art geworden. Doch an die Zeiten des Goldrausches erinnern hier keine Reminiszenzen. Das Unheimliche an dieser Geisterstadt des zwanzigsten Jahrhunderts ist beim Durchfahren nicht wahrnehmbar, es liegt vielmehr

hinter ihren Mauern verborgen: Viele seiner 11350 Bewohner sind an Krebs und Leukämie erkrankt, und eine im Vergleich zu anderen Regionen der Vereinigten Staaten überproportional hohe Anzahl von Menschen ist an diesen Krankheiten in den vergangenen beiden Jahrzehnten gestorben.

St. George liegt in unmittelbarer Nähe des berühmten Zion Nationalparks und im Windschatten der »Nevada Test Site«. Auch wenn die Entfernung zu dem berüchtigten Versuchsgelände für Atombomben über hundert Meilen Luftlinie beträgt, wehten die meist westlichen Winde ihre zunächst unsichtbare und strahlende Fracht über diesen verschlafenen Ort hinweg.

Gerade in den fünfziger Jahren explodierten auf dem 1350 Quadratmeilen großen militärischen Übungsgebiet die verschiedensten atomaren Sprengköpfe, deren Langzeitwirkungen von den ahnungslosen Anrainern im südlichen Nevada, Utah und nördlichen Arizona bis heute getragen werden müssen. Das verantwortliche »Atomic Energy Committee« der Regierung verhielt sich erst einmal wie die Strahlung selbst: sie schwieg.

Als die Bevölkerung nach »bombigen« Versuchen, die – wie zum Beispiel »Dirty Harry« mit seinen 32 Kilotonnen Sprengkraft – große Mengen von Radioaktivität freisetzten, sichtbar nervös wurde, verteilte die Regierung als einzige Präventivmaßnahme beruhigende Flugblätter. »Ihr Leute, die ihr in der Nähe der Nevada Test Site lebt, seid wirklich aktive Teilnehmer an dem Atomtestprogramm der Nation«, begann das zynische Pamphlet. »Ihr seid zu Beobachtern von Versuchen geworden, die zur Stärkung der Verteidigung unseres Landes und der freien Welt besonders beigetragen haben.«

Weiter hieß es, daß es bis auf gewisse »Unannehmlich-keiten« bei den insgesamt 45 Tests zu keinerlei Proble-men gekommen sei – auf eine Ausnahme, einer durch den Lichtblitz verursachten Augenverletzung. Das war der typische Ausdruck einer Zivilschutzpropaganda, die die Bevölkerung an das Leben mit der Bombe gewöhnen wollte. In den fünfziger Jahren sollten zum amerikani-schen Familienglück nicht nur Hund, Auto und Fernseh-gerät gehören, sondern auch noch ein atombomben-sicherer Bunker im Garten.

Heller als tausend Sonnen

Die eigentliche Geburtsstunde des Atomzeitalters war der frühe Morgen des 16. Juli 1945. Eine ungeheure Detonation erschütterte weite Teile des Bundesstaates New Mexico. Tags darauf berichteten die Zeitungen von der »Explosion eines Munitionsdepots«, wie es eine Depesche der Armee den Lesern erklärte. Erst einen Monat nach den Atombombenabwürfen auf Hiroshima und Nagasaki im August desselben Jahres druckte die »New York Times« einen Augenzeugenbericht von je-nem »Trinity-Test« in der Nähe von Alamogardo, bei dem es sich um die erste Zündung einer Atombombe überhaupt handelte.

Erneut war in der Geschichte der menschlichen Zivili-sation ein gigantischer technischer und wissenschaftlicher Apparat in Gang gesetzt worden, um eine extrem effekti-ve Methode des Vernichtens von Leben zu entwickeln: Nur eine Bombe war notwendig, um in Hiroshima 260 000 Menschen zu töten. Damit war nicht nur eine neue Waf-fengeneration mit einem unvergleichlichen Zerstörungs-potential eingeführt worden, sondern auch ein neues poli-tisch-militärisches Druckmittel, wie Korea- und Indo-chinakonflikt später zeigen sollten. Die Nachricht vom erfolgreichen »Trinity-Test« erreichte Präsident Truman im Sommer 1945 in Potsdam vor den Toren des besiegten und zerstörten Berlins, als er gerade mit Churchill und Stalin über die Zukunft Deutschlands verhandelte. Mit dieser atompolitischen Trumpfkarte in der Hinterhand steuerten die Amerikaner in Richtung des Kalten Krieges zwischen den beiden Supermächten – noch besaßen die Amerikaner das Nuklearmonopol.

Weitere Bomben-Versuche der USA folgten in den Jahren 1946 und 1948, zunächst überwiegend auf Inseln im Südpazifik. Doch der atomare Rüstungswettlauf hat-te inzwischen begonnen. Mit der ersten Kernwaffenex-plosion in der Sowjetunion 1949 und der ersten sowjeti-schen Wasserstoffbombe 1953 stieg eine zweite Atom-macht in den weltpolitischen Ring. Los Alamos, die im Zweiten Weltkrieg aus dem Boden gestampfte Stätte der Atomforscher, hatte wissenschaftliche Konkurrenz bekommen. Die Rüstungsspirale wurde angezogen. Hin-zu kamen die innenpolitischen Hetzjagden des Senators Joseph McCarthy und spektakuläre Spionagefälle, wie die Prozesse gegen Ethel und Julius Rosenberg und der Fall J. Robert Oppenheimers – einst Direktor des Labo-ratoriums von Los Alamos.

Neue taktische Atomwaffen wurden entwickelt, die auch erprobt werden wollten. Schon aus logistischen Gründen war ein Testgebiet in der Nähe von Los Ala-mos erforderlich. Anfang der fünfziger Jahre wurde »Camp Desert Rock« in der Wüste Nevadas errichtet, dessen Soldaten sich in einer nur 100 km weiter südlich

Blick aus einem Las-Vegas-Hotelfenster auf den Atompilz

gelegenen Casinostadt vergnügen sollten; jene Truppen trugen rasch zum Wachstum von Las Vegas bei, das im Soldatenjargon bald nur noch »Lost Wages« genannt wurde – Stadt der verjubelten Gehälter.

Doch nicht nur beim Amüsierbetrieb war ihr Einsatz ein hoher. Auch auf dem Testgelände selbst wurde mit den GIs eine Art von russischem Roulette gespielt, was sie aber erst viel später am eigenen Leib erfuhren. Ins-gesamt nahmen an den Atombombenversuchen 270 000 Soldaten teil. Bei den Manövern in der Wüste wurde das Atomkrieg-Szenario regelrecht erprobt. Es galt, die eige-nen Soldaten an den Einsatz der Bombe zu gewöhnen. Noch während der Atompilz in die Höhe stieg, rannten die Kampfverbände Richtung »Ground Zero«, dem Epi-zentrum der Bombe. Der First Lieutenant Eric Wieler, der in seiner militärischen Laufbahn eine Vielzahl von Atombomben-Explosionen über sich ergehen lassen mußte, erinnert sich an seine erste: »Einige von uns schauten sich den Atompilz an und wurden von der Druckwelle, die wir nicht erwarteten, umgehauen und mit solcher Wucht gegen den Bus geschleudert, daß die Seiten des Fahrzeugs an einigen Stellen eingebeult wur-den. Einem halben Dutzend von uns riß die Welle sogar die Helme vom Kopf ... Nachdem das gefährliche Beben nachgelassen hatte, krochen wir Marineinfanteristen in gespenstischer Stille aus den Schützengräben hervor. Wir beobachteten, wie sich der vielfarbige Feuerball rasch ausbreitete. Er war fast 7000 m hoch, war rot, weiß, grau, beige und sah wie ein doppelter Pilz aus ... Mein Blick

Entsorgung mit dem Besen: Soldaten am 2.3.1955

Witwe und Tochter des Strahlenopfers Joseph Harding

fiel auf eine Versuchspuppe direkt hinter mir. Ihre Körperhaltung war verdreht, das Gesicht brannte, die Uniform schwelte und der Helm lag in 30 m Entfernung auf dem Boden. Die Wolke stieg höher und höher, stand praktisch über mir, und mein Nacken schmerzte.«

Kurz vor der Ratifizierung des Teststop-Abkommens, das den Supermächten Atomversuche seit 1963 im Weltraum, unter Wasser und in der Atmosphäre untersagt, gingen laut dem »U.S. Department of Energy« noch schnell 98 Versuche über die Bühne Nevadas. Innerhalb von 17 Jahren waren 235 oberirdische Tests auf amerikanischer Seite durchgeführt worden.

Sofern sie noch am Leben sind, haben sich die beteiligten Soldaten heute als Atomveteranen zusammengetan und kämpfen juristisch um die Anerkennung ihrer gesundheitlichen Spätfolgen. Die »Atomic Vets« fühlen sich als Versuchskaninchen mißbraucht. Die Statistik zeigt bei ihnen eine deutlich geringere Lebenserwartung von nur 52 gegenüber sonst 74 Lebensjahren.

Gegen solch nüchterne Zahlensprache wehrt sich Elizabeth Catalan-Wright von »Citizen Call« in Cedar City, Utah: »Ich wuchs im Windschatten des atomaren Ascheregens auf, und Fakten, Untersuchungen und kalte Statistiken brauchen mir nicht erklären, daß meine Leute jahrelang den Atomversuchen ausgesetzt waren!«, so die Gründerin der Bürgerinitiative. »Wir sind die Statist(ik)en: Wir sind die lebendigen Antworten auf die Frage, was Strahlung für den menschlichen Körper bedeutet. Wir sind Antworten, die neue Fragen stellen.«

On Location

Neben den Soldaten sind noch 250000 »Atomic Test Site Workers« und 100000 Zivilisten im Südwesten der USA einer besonders erhöhten Strahlung ausgesetzt worden, sowie 50000 Bergarbeiter meist indianischen und hispanischen Ursprungs in den Uranminen und weitere 450000 Mitarbeiter in den Laboren und Fertigungsstätten der Rüstungsindustrie. Insgesamt sind mehr als eine Million Amerikaner bei der Herstellung, Produktion und Erprobung von Atomwaffen kontaminiert worden.

Das Heimtückische des »nuclear fallout« liegt in der schleichenden Wirkung. Ein fatales Beispiel aus den fünfziger Jahren verdeutlicht, daß der Atomblitz der Nevada Test Site nicht nur in der Millionenmetropole Los Angeles sichtbar wurde, sondern auch Hollywood erreichte. 1954 wurden Szenen für den Film »The Conquerer« im Snow Canyon östlich der Test Side gedreht. Hier in der Nähe von St. George lebte und arbeitete die Filmcrew über einen Zeitraum von drei Monaten. Darunter waren auch Stars wie John Wayne, Susan Hayward, Agnes Moorehead und unzählige Statisten, sowie viele Shivwits und Paiute Indianer. »Während der Drehpausen benutzten John Wayne und seine Söhne Michael und Patrick einen Geigerzähler, um die Umgebung zu untersuchen. Michael Wayne sagte später, daß das Gerät seines Vaters ausschlug, was sie auf eine Art von Erz in dieser Gegend zurückführten«, schreiben Saffer und Kelly in ihrem Buch »Countdown Zero«. »Sie glaubten,

Ziviler Ungehorsam der 80er Jahre: Demonstranten besetzen Frenchman Flat

daß sie die Radioaktivität von den Versuchen nicht abbekommen hätten, da sie den Weg der atomaren Wolke nicht kannten.« Für die letzten Szenen, die in den Studios abgedreht wurden, hatten sie 60 Tonnen »heißen« Wüstensand und Felsbrocken mit nach Hollywood genommen. 1982 kamen die Autoren zu einem erschreckenden Resumee: »Von den 220 Personen des Ensembles sind 91 an Krebs erkrankt und 48 bereits gestorben, darunter auch Wayne, Powell, Hayward und Moorehead. Auch die Shivwits haben Probleme. Viele sind tot, und der Rest lebt mit den Folgen der Strahlung.«

Auch Ende der achtziger Jahre zittern noch gelegentlich in den frühen Morgenstunden die Neonlichter von Las Vegas – verursacht durch die unterirdischen Atombombenversuche in Nevada. Daß mit den Atomtests unter der Erde die Probleme keineswegs verschwunden, sondern nur verlagert wurden, zeigt der »Baneberry-Test« – einer von 41 unterirdischen Tests, wo die Erdoberfläche dem Druck der Explosion nicht standhielt und wieder Strahlung in die Atmosphäre gelangte. »Baneberry« setzte 1970 »bleibende Werte« von 6,7 Millionen Curie frei – beim Unfall im Atomkraftwerk Harrisburg 1979 waren es 30 Curie. »Dem amerikanischen

Volk sind die wahren Fakten der letzten 16 Jahre vorenthalten worden«, sagte Oberstleutnant Raymond F. Brim vor einem Unterausschuß des Abgeordnetenhauses in Washington, wo der ehemalige Chef des »Air Force Application Centers« auspackte: »Es ist eine unbestreitbare Tatsache und nachgewiesen, daß nicht nur die Menschen in Utah und Nevada, sondern in weiten Teilen der Vereinigten Staaten der Strahlung des radioaktiven Abraumes nichtsahnend ausgesetzt wurden, die aus den Bombenkratern der Nevada Test Site entwich. Durch Wind und Wetter wurde die Strahlung viel weiter verbreitet, als es bisher der Öffentlichkeit bekannt ist.«

Inzwischen tickt die Zeitbombe aufgrund der langen Halbwertszeiten radioaktiver Isotope unaufhörlich weiter. Zwar ist seit 1945 keine Atombombe mehr auf feindliches Territorium abgeworfen worden, doch sind bereits Tausende von Amerikanern Opfer der eigenen Bomben geworden, die sie eigentlich vor denen des Gegners bewahren sollten. »Ich kann mich nur fragen«, so die Kongreßabgeordnete Pat Schroeder aus Colorado in einem Anhörungsverfahren über Atomveteranen in Washigton D.C., »wer eigentlich auf wessen Kosten beschützt wurde.«

Barbara Jentzsch

Earth First

Radikale Umweltschützer contra FBI

In den Vereinigten Staaten gibt es zwar immer noch keine ernstzunehmende grüne Partei, aber ein mindestens genauso effektives Äquivalent: eine millionenstarke, hochmotivierte Umweltschutzbewegung, die in Washington gleichermaßen geachtet und gefürchtet wird. Sogar das Weiße Haus machte eine Verbeugung: George Bush ernannte sich keß zum ›Umwelt-Präsidenten‹. Mit unkonventionellen, radikalen Naturschützern will der Präsident allerdings nichts zu tun haben, denen hetzt er das FBI auf den Hals. Ihnen soll kurzer Prozeß gemacht werden. Diese Erfahrung machte im Bundesstaat Arizona, seit Mai 89, die direkte Aktionsgruppe »Earth First«.

»Öko-Terroristen« nennt das FBI die Leute von »Earth First«, Sabotage wird ihnen vorgeworfen, kriminelle Verschwörung, Sachbeschädigung und, last not least, die Planung nuklearer Terrorakte.

»Alles gelogen«, sagt »Earth First«, »wir sind infiltriert und angestiftet worden. Das FBI will an uns ein Exempel statuieren, und die gesamte Umweltbewegung soll durch einen Schauprozeß eingeschüchtert werden.«

»Earth First« ist dem FBI schon lange ein Dorn im Auge, denn »Earth First« ist unverfroren, kompromißlos, unberechenbar, anarchistisch und nur schwer zu fassen. – Roger Featherstone, seines Zeichens »Earth First«-Außenagitator in Tucson, Arizona, erklärt mir die Ziele seiner Gruppe: »Was wir wollen, ist ganz einfach«, sagt er. »Alles, was an unberührter Natur noch übrig ist, muß erhalten bleiben, was verloren gegangen ist, wollen wir zurückholen, wir möchten 10 Prozent von Amerika als echte Wildnis lassen, heute haben wir knapp zwei Prozent.«

»Earth First« ist ein lockerer Verein, ohne Direktor und ohne Mitgliederkartei. Zusammengehalten wird die absichtlich desorganisierte Organisation nur durch das gleichnamige »Earth First Journal«. Schätzungsweise 10–12000 Umwelt-Aktivisten haben sich in der 1980 gegründeten Gruppe zusammengefunden, Männer und Frauen von 20 bis 70, vorwiegend aus dem Wilden Westen: Arizona, Montana, Utah, Colorado, Kalifornien, Neu Mexiko. Politisch und beruflich herrscht bunteste Mischung, aber unterm Kopfkissen liegt bei allen die gleiche Bibel: Edward Abbeys 1975 veröffentlichter Roman: »The Monkeywrench Gang« (auf deutsch: »Die Universalschlüssel Bande«). Da geht es um die brisanten Erfahrungen und Erlebnisse einer Gruppe von Sabo- und Öko-teuren, die durch Öko-Tage die Zerstörung der Umwelt zu verhindern sucht. Die Monkey-Wrencher reissen Dämme ein, schließen Holzfällerstraßen, ketten sich an Bulldozer und bringen Wölfe, Grizzly Bären und Elche in ihre ursprünglichen Lebensräume zurück. Ein Traum für jeden Earth Firster. »No compromise in the

defense of mother earth« ist das Motto, kein Kompromiß bei der Verteidigung von Mutter Erde – koste es, was es wolle.

Peg Millet, Mark Davis und Mark Baker soll die Verteidigung von Mutter Erde 35 Jahre Gefängnis und 80000 Dollar Strafe kosten, sie wurden vom FBI in der Nacht zum 30. Mai 1989 mitten in der Wüste, bei Presscott Arizona, verhaftet, gerade als sie beginnen wollten, die elektrischen Leitungen einer Pumpstation durchzuschneiden, die zu einem umstrittenen, staatlichen Bewässerungskanal führen. »Plötzlich schossen gleißende Leuchtkugeln in die Wüstennacht«, schreibt das »Earth First Journal« in einer Sondernummer über die dramatische FBI-Aktion. »Peg Millet, Mark Baker und Mark Davis stehen voll beleuchtet am Fuß des Elektrizitätsmastes, ein vierter »Ökoteur«, Mike Tait, macht sich aus dem Staub. Fünfzig FBI-Agenten rücken an: zu Fuß, zu Pferd, mit Bluthunden und zwei Hubschraubern. Die Festnahme von Mark Davis und Mark Baker ist eine Sache von Minuten, nach Peg Millet sucht das FBI-Kommando die halbe Nacht – vergebens. Sie hatte sich zur Straße durchgeschlagen und war nach Prescott zurückgetrampt. Die 35jährige ließ sich am nächsten Morgen an ihrem Arbeitsplatz verhaften. Zur gleichen Zeit wird in Tucson Dave Foreman festgenommen, der Gründer von »Earth First«. »Verschwörung« lautet die Anklage. Nach Hinterlegung von 50000 Dollar Kaution wird Foreman wieder freigelassen. Millet, Baker und Davis dürfen keine Kaution hinterlegen, weil es dem FBI gelungen ist, sie dem amtierenden Richter als »Bedrohung der Gemeinde« zu verkaufen. Die Öko-Terroristen Millett, Baker und Davis, behauptet das FBI vor der Presse, hätten noch viel schlimmere Terrorakte geplant: sie hätten vorgehabt, Stromkabel zu zerschneiden, die in die Atomkraftwerke von Palo Verde, Arizona, Diabolo Canyon, Kalifornien und Rocky Flats in Colorado führen. Wäre das passiert, hätte es zum Super-Gau, zur Kernschmelze kommen können.

Als Beweis für diese ungeheuren Vorwürfe präsentiert das FBI vor Gericht Abschriften von 35 Tonbandaufzeichnungen, die der Informant Mike Tait bei Gesprächen mit Peg Millett und anderen Earth First Leuten gemacht haben soll. In diesen Aufzeichnungen ist aber nur von Stromkabeln die Rede, die aus den Kraftwerken hinausführen, damit ist das makabre Märchen vom Supergau bereits gestorben.

Sehr lebendig ist hingegen eine Frage ans FBI geworden: Welchen genauen Auftrag hatte der Informant? Sollte Tait die Umweltorganisation nur unterwandern, oder sollte er sie zu Straftaten anstiften?

Laut »Earth First« erschien Tait vor 18 Monaten in Tucson. Er spielte den konservativen Aktivisten, freun-

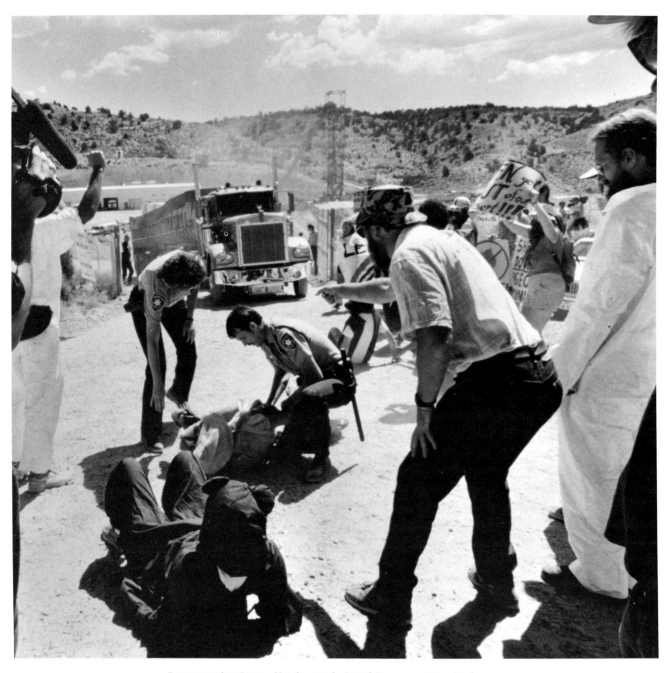

Protest vor dem Pigeon-Uranbergwerk: David Foreman zeigt auf Polizisten

dete sich mit Peg Millett an und drang alsbald auf einen »nuklearen Hit«. Vom Zerschneiden irgendwelcher Pumpstation-Stromkabel versprach er sich nicht viel. Bis zuletzt versuchte er, Millett, Baker und Davis zu überreden, doch lieber ins volle zu gehen: To go nuclear. Aber Tait konnte sich nicht durchsetzen, und das FBI gab zu, daß es früher als geplant zuschlagen mußte.

Mit bloßer Infiltration könnte das Bundeskriminalamt wieder ungestraft davonkommen. Anstiftung zu einer kriminellen Handlung wäre nicht so einfach, das ist verboten. Darauf steht Gefängnis. Aber bevor der immer noch untergetauchte Mike Tait ins Gefängnis wandert, wird sicherlich das Jahr 2000 eingeläutet.

Peg Millett hingegen befindet sich seit dem 1. Juni hinter Gittern. Sie sieht ziemlich blaß aus, aber erstaunlich fröhlich. Unter welchem Druck sie steht, merke ich

nur, wenn sie lacht, sie lacht zu oft und zu hoch. Über Mike Tait mag und darf Peg Millett nicht sprechen. Nur eine kleine Bemerkung macht sie: »Als ich in das Gefängnis gebracht wurde, spielte da im Aufenthaltsraum-Fernseher gerade die Geschichte der Bibel«, sagt sie »The greatest Story on Earth«. Ich ahnte ja, daß wir verraten worden waren, und gerade als ich reinkam, ging Judas auf Jesus zu und küßte ihn. Mir wurde ganz anders...«

Peg Millett hat schon einiges gesehen von der Welt, meistens hoch zu Roß: Norwegen, die Schweiz, Australien, Schottland, Natur und Tiere – heil und unversehrt – mehr braucht sie nicht zu ihrem Glück. Mit dem amerikanischen Südwesten, seinen Bergen, Wüsten und Wäldern fühlt sie sich zutiefst verbunden. Hier wurde sie geboren und hier möchte sie sterben.

Peg Millett kämpft mit Leib und Seele für die Unversehrtheit der Erde, kreativ und gewaltfrei. Sie singt und schreibt Lieder und spielt leidenschaftlich gern Straßentheater. Vor zwei Jahren, bei einem Tierprotest gegen die radioaktiven Uranminen im Grand Canyon, verkörperte sie einen Waschbären. Als die Polizei kam und Waschbär, Reh und Büffelschlange, Fuchs und Hase verhaftete, da lief sie zum Ärger des Sheriffs noch tagelang als Waschbär im Gefängnis herum. Sie hatte Jeans und T-Shirt absichtlich zu Hause gelassen, um sich nicht umziehen zu müssen.

»Wir sind absolute Pazifisten, keiner von uns trägt eine Waffe. Wir sind gewaltfrei«, sagt Peg Millett fast beschwörend. »Wir wollen die Leute nur aufwecken, damit der Wahnsinn der Zerstörung endlich aufhört...«

Dave Foreman, der Gründer von »Earth First«, schränkt die Gewaltfreiheit etwas ein. Gewalt gegen Sachen sei erlaubt, sagt er, wenn es der Verteidigung von Mutter Erde diene. Foreman gibt in seinem Underground-Bestseller »Eco-Defense« (Öko-Verteidigung) genaue Anleitungen zu »Öko-Tage-Aktionen« im Namen der Natur. Foreman erklärt, wie man Bulldozer und Hubschrauber lahmlegt, wie man Bäume präpariert, um Sägeblätter zu zerstören, wie Reklametafeln demontiert und Beweismaterial vernichtet werden. Der Staatsanwalt in Phoenix hat Dave Foreman als »Guru« der Bewegung bezeichnet, als Finanzier und Mafioso, der im Hintergrund die Fäden zieht. Foremans kostenlos arbeitender Anwalt, der durch den Karen-Silkwood-Fall berühmt gewordene Gerry Spence, kontert knallhart: »Hier sollen politisch Andersdenkende bestraft werden, weil sie die amerikanische Machtstruktur bekämpfen«, erklärt er der Presse. »Sie sollen bestraft werden, weil sie das Amerika der Konzerne bekämpfen. Dort sitzen die wahren Öko-Terroristen. Tag für Tag nehmen die sich das Recht, Luft, Wasser und Wälder aus Profitgier zu zerstören.«

Kann die FBI-Aktion »Earth First« zerstören? Roger Featherstone mag das nicht glauben. »Earth First« könne sich nur selbst kaputtmachen, sagt er, wenn man sich nicht einschüchtern ließe, würden sie überleben. Millett, Baker und Davis sind inzwischen aus der Haft entlassen worden. Ganz so kurzen Prozeß wie geplant konnte das FBI mit ihnen nicht machen. Das ursprünglich für den 1. August 1989 anberaumte Verfahren wurde erneut verschoben.

T. C. McLuhan

Mit Volldampf nach New Mexico

Die Santa-Fé-Eisenbahn und der Indianer-Tourismus

Der Stahl der Eisenbahn ist ein Zauberstab mit seiner Macht, die schlummernden Energien des Landes und des Wassers zu wecken.
Ralph Waldo Emerson (1844)

Zu Beginn unseres Jahrhunderts stand die Santa-Fé-Bahn in einem erbarmungslosen Konkurrenzkampf mit anderen Eisenbahngesellschaften um ihren Anteil am Reise- und Frachtverkehr im amerikanischen Südwesten. Die Anfänge dieser Eisenbahnlinie waren allerdings sehr bescheiden. 1859 existierten Atchison und Topeka lediglich auf dem Papier, als eine Eisenbahnlinie, die vom Staat Kansas genehmigt worden war. Der Name Santa Fé wurde erst vier Jahre später, 1863, hinzugefügt, da man hoffte, sich auf diese Weise eine finanzielle Unterstützung durch die Bundes- und auch die Staatsregierung zu sichern. Schon bald bezeichnete man die Atchison-, Topeka- und Santa-Fé-Eisenbahngesellschaft einfach als »die Santa Fé«.

Aber erst 1869 wurden die ersten Schienen verlegt. Sie erstreckten sich lediglich über 27 Meilen, von Topeka bis Burlingame in Kansas. Ein Jahr später reichte die Eisenbahnverbindung 43 Meilen weiter, bis nach Emporia, Kansas. Die erste wirklich bedeutende Erweiterung des Streckennetzes war das Ergebnis der gewaltigen Anstrengungen, die Eisenbahnlinie um 380 Meilen nach Westen, bis an die Grenze von Colorado, voranzutreiben. Damit hatte die Santa Fé 1873 eine Bedingung der Bundesregierung erfüllt, die ihr Land überlassen hatte; sie war nun Eigentümerin von drei Millionen Morgen Land entlang dem Arkansas River in Westkansas. Die Santa Fé verkaufte in kürzester Zeit das ganze Land an Siedler und schuf sich so eine solide finanzielle Basis für weitere Expansionen, die sie in heftige Konkurrenzkämpfe mit anderen Eisenbahngesellschaften – der Kansas Pacific, der Southern Pacific und der Denver and Rio Grande – um das Gebiet im Südwesten verwickelten. Die folgenden zwanzig Jahre waren eine Zeit mörderischer Anstrengungen, sich den Zugang von Colorado nach Kalifornien zu sichern, durch ein Gebiet, auf dem später die Staaten New Mexico und Arizona entstanden.

Gleich zu Beginn hatte die Strategie der Santa Fé den Erfolg, daß zumindest einer der Konkurrenten, die Kansas Pacific, ausgeschaltet wurde. Die stetige Erweiterung des Schienennetzes barg jedoch auch Risiken in sich. Die neue Hauptstrecke von Kansas City nach Chicago brachte nicht genügend Gewinn, um die enormen Baukosten zu decken. Man versuchte, dieses Problem durch eine überaus großzügige Dividendenausschüttung zu lösen. Statt die Gewinne für Instandhaltungs- und

Konstruktionskosten einzusetzen, wollte die Santa Fé ihre Aktionäre zufriedenstellen. 1893 schließlich gipfelte die maßlose Gier und die miserable Finanzpolitik der Santa Fé nach immer mehr Land in ihrem Bankrott.

1896, als die Eisenbahngesellschaft gerade die Folgen des Konkurses überwunden hatte, sah sich der neue Präsident der Santa Fé, E. P. Ripley, mit dem Problem konfrontiert, das Stigma des Bankrotts auszulöschen. Was man brauchte, war neues Ansehen und Glaubwürdigkeit.

Ripley beabsichtigte, das ramponierte Image dieser »Roststrähne« durch Werbung aufzupolieren. Bislang

hatte man sich über eine Werbekampagne für die Santa Fé kaum Gedanken gemacht und Werbung, wenn überhaupt, nur punktuell und willkürlich eingesetzt. Jetzt setzte die Eisenbahngesellschaft ganz auf das Erbe Amerikas – die Wildnis und die Indianer. Dramatisch patriotisch in ihrem Tenor, wurden die Werbekampagnen zu einer Hymne auf das *ursprüngliche* Amerika. Man setzte auf die Wunschvorstellung, in die entlegensten Bereiche der Wildnis vordringen zu können, wo eine ideale neue Welt den Ankommenden erwartete – das exotische, freie Leben in einem Paradies auf Erden. Allerdings erforderte das von den Werbeleuten den vollen Einsatz

ihrer Erfindungsgabe, denn es galt, die ernüchternde Realität dieses letzten Außenpostens zu verschleiern, den man immer als »Land von geringem Wert, den schäbigsten Teil der Großen Wüste Amerikas« bezeichnet hatte, »wo zerklüftete Hochebenen und steil aufragende Berge die unfruchtbaren Ebenen im Osten von den ausgetrockneten Wüsten im Westen trennten... Gemessen an den Vorstellungen jener Zeit war das Kernland des Südwestens eine öde, trostlose Gegend; sein einziger Wert für die Nation bestand darin, daß es als geographische Verbindung beim Bau der transkontinentalen Eisenbahnstrecke genützt werden konnte, die das Mississippi Valley und die Pazifische Küste miteinander verbanden.«

Die öden Plateaus des südlichen Westens waren oft Schauplatz von Konflikten mit den eher unangenehmen Seiten der Natur, die immer sehr heftig verliefen. Unvorhergesehene Gewitterstürme walzten zuweilen alles in Sichtweite nieder, und plötzliche Überschwemmungen machten ein Vorwärtskommen unmöglich. In diesem Land der Sandstürme und der unerträglichen, sengenden Hitze mit ihrer tödlichen Trockenheit überquerte man eine unselige Schwelle in die Fremde, die Mark Twain 1861 in einem Brief an seine Mutter eindringlich geschildert hat: »Hier wachsen keine Blumen, und nichts Grünes erfreut das Auge. Die Vögel, die das Land hier überfliegen, tragen ihre Vorräte mit sich... Wenn man Beifußblätter zerdrückt, verströmen sie einen Geruch, der nicht unbedingt dem Duft von Magnolien ähnelt, aber ebensowenig dem eines Stinktiers – es ist vielmehr eine Art Kompromiß zwischen beidem.«

Aber entlang der Route stieß man immer wieder auf wahre Herrlichkeiten, und die Santa Fé besaß das Wegerecht durch einige der aufregendsten Szenerien, die die Schöpfung zu bieten hat. Genau das wurde immer wieder hervorgehoben: die geradezu moralische Verpflichtung der Eisenbahn, diese Landschaft der Zivilisation und das Land dem Tourismus zu erschließen. Man erkannte, daß die Wildnis im Westen ästhetische und ideelle Qualitäten hatte, die in den großen Städten unvorstellbar waren: Das machte den Tourismus zu einer neuen Religion.

Der Siegeszug der Werbung

William Haskell Simpson, dem stellvertretenden Leiter der Abteilung für den Personenverkehr, der mehr als zweiundzwanzig Jahre lang für die Werbung zuständig war, fiel die Aufgabe zu, eine ganze Nation potentieller Kunden anzulocken; er sollte die Idee einer »Eisenbahn für jedermann« propagieren – ein Werbetrick, um die unterschwelligen Vorurteile gegen eine Eisenbahn, die nur für diejenigen da war, die nach »Land, Büffeln und Gold jagten«, völlig umzukehren.

Simpson hatte seine Kindheit und Jugend in Lawrence, Kansas, verbracht; nach dem Abschluß seines Collegestudiums begann er 1880 als Angestellter in der Werbeabteilung der Zentrale für den Passagierverkehr der Santa Fé in Topeka. 1900 wurde er Generaldirektor und Geschäftsführer der Reklameabteilung. Simpson leitete das – wie eine Zeitschrift, *The Santa Fé New Mexican*, es beschrieb – »ausgeklügeltste, ehrgeizigste und effektivste Werbeprogramm, das eine Eisenbahngesellschaft je gestartet hat«. Die »Werbekunst« wurde hier zum

ersten Mal in großem Maßstab eingesetzt. »Ich glaube, wir waren die erste Eisenbahnlinie im ganzen Land, die Kunst als Mittel der Werbung ernst genommen hat«, erklärte Simpson einem Reporter. »Wir haben dabei keine Kosten gescheut. Wir arbeiten mit den besten Kunstwerken, die man kaufen kann, und wir reproduzieren sie auf die technisch vollkommenste Weise. – Und trotzdem«, fuhr er fort, »trotzdem wollen wir uns nicht selbst zu ernst nehmen... Aber wir scheuen auch nicht davor zurück, neue Wege zu gehen.«

Der »neue Weg« wurde in den neunziger Jahren beschritten, als die Santa-Fé-Geschäftsleitung einige berühmte Künstler auf ihre Besitzungen im Südwesten einlud. 1892 gab die Gesellschaft dem renommierten Maler Thomas Moran den Auftrag, als Gegenleistung für Transport, Unterkunft und Verpflegung ein Bild vom Grand Canyon zu malen. Es wurde ein erstaunliches, ein heroisches Bild. Die Santa-Fé-Gesellschaft ließ *Grand Canyon* als Sechsfarbenlithographie reproduzieren und verteilte Tausende von Abzügen im ganzen Land.

Zu dieser Zeit erkannte die Eisenbahngesellschaft auch, welche einzigartige Möglichkeiten sie einem Künstler eröffnen konnte. – Charles F. Lummis, Schriftsteller und begeistert von der Kunst in Westamerika und den unberührten Landschaften im Südwesten, schrieb: »Es war reiner Zufall, daß die Santa Fé, als sie für ihre Linie den Weg des geringsten Widerstands mitten durch die ›Große Amerikanische Wüste‹ wählte..., das Interesse des Künstlers am Südwesten mitten ins Herz traf. Es gibt auf der ganzen Welt keine Eisenbahnlinie..., die in ein ähnlich malerisches Wunderland – hinsichtlich seiner Topographie wie auch seiner Bewohner – vorstößt.« Im gleichen Jahr machte die Santa Fé Fernand Lungren das Angebot, Zeichnungen und Bilder für ihre

ho« oder »Großer Häuptling«), ermöglichten den Leuten ohne weiteres eine Identifizierung mit den Indianern. Die Vereinnahmung des Indianers erwies sich als wichtiger Schritt auf dem Weg zur Synthese zwischen der Erzeugung einer kollektiven Vorstellungswelt und der primitiven Kultur. Obwohl dies nicht ausdrücklich ein Werbeziel der Santa Fé war, ließ diese Methode die Indianer doch zu symbolischen »Kürzeln« des amerikanischen Erbes werden. Und somit gründete sich der Erfolg des Unternehmens auf der Sehnsucht der amerikanischen Öffentlichkeit nach einem Gefühl von Zugehörigkeit, der Suche nach ihren »Wurzeln« und dem unbewußten Wunsch nach Verdrängung einer von Gewalt geprägten Vergangenheit.

Das perfekte Image

Die von der Santa Fé vollzogene Synthese zwischen Geschäftsinteressen und Kultur war ein einzigartiger Vorgriff auf moderne Werbestrategien. Diese Kampagne appellierte vor allem an den Patriotismus: Die Amerikaner sollten das eigene Land kennenlernen. Die Reklamebilder von Landschaften und Indianern verkörperten malerische Schönheit und warben für »eine letzte Zufluchtsstätte in einem Reich der Magie, der Berge und der seltsamen Vorfahren«. Sie weckten aber auch einen Sinn für den mythologischen Ort – ein ferner Westen als das Land voller Naturwunder, das das Versprechen ganz neuer Erfahrungen in sich trägt, einschließlich einer »rituellen Grenzüberschreitung« vom vertrauten Osten in den wilden, exotischen und irgendwie gefährlichen Westen, wo die »normalen« Regeln keine Gültigkeit haben. Die Bilder hatten eine erfrischende und aufreizende Wirkung. Diese Phantasien in Technicolor waren der wichtigste Impuls für die suggestive Wirkung der Eisenbahnreklame. Ihr Einfluß auf die Öffentlichkeit war enorm.

Da es das Hauptziel der Santa Fé war, die Zahlen im Passagier- und Frachtverkehr zu steigern, überrascht es eigentlich, daß die Werbeleute ausgerechnet die Komplexität von Land und Leuten ansprachen, um für die Eisenbahn Reklame zu machen. Andererseits bekundeten sie damit ihren Anspruch auf das kulturelle Erbe der amerikanischen Indianer und erweckten so den Eindruck, eine fachkundige »ethnographische Autorität« zu sein; dabei drängten sie sich einer anderen Kultur nur auf, vereinnahmten sie in Bild und Schrift. Obwohl die Santa-Fé-Angestellten nur wenig über Funktion und Bedeutung dieser Kulturen wußten, die sie schilderten, konnten sie doch symbolträchtige und treffende Bilder vom Leben der Südwestindianer schaffen. Der Eisenbahngesellschaft gelang es, diese Bilder ihren eigenen Plänen zur Ausweitung des Unternehmens, zur Steigerung des Umsatzes und für den Ausverkauf des Westens an Siedler und Touristen dienstbar zu machen. Derartige Werbeklischees wurden in den Almanachen, die ein großes Publikum erreichten, auf Plakaten, in Broschüren, Fahrplänen und Inseraten in Zeitungen und Zeitschriften verbreitet. Auf diese Weise vermittelte die Santa Fé dem Touristen das Gefühl, einen wesentlichen Bestandteil seines kulturellen Erbes zu entdecken.

Die Öffentlichkeitsarbeit der Santa Fé war außerordentlich erfolgreich. Sie wurde zu ihrem wertvollsten Kapital. Und sie legte den Grundstein für eine nationale

Werbekampagnen anzufertigen; er machte bald als *der* Maler des Westens Karriere, und sein ganzes Leben malte er Wüstenmotive aus dem Südwesten.

1907 begann die Eisenbahngesellschaft mit der Herausgabe ihres Almanachs, der im Rahmen einer der wohl größten Postaktionen in der Geschichte der Werbung gratis verteilt wurde. Was der Künstler für die Landschaft bewerkstelligte, das tat der Almanach im Hinblick auf die Indianer. Der Almanach machte die Öffentlichkeit auf die Eisenbahn und auf die Existenz einer indianischen Kultur im südlichen Westen aufmerksam. Dieser Jahreskalender hatte jeweils ein bestimmtes, auf die Indianer bezogenes Thema, meist romantischer Art, und war mit Originalwerken aus den neu gegründeten Künstlerkolonien in Taos und Santa Fé illustriert. Hunderttausende solcher Kalenderblätter fanden ihren Weg in Schulen, Kaufhäuser und in die Wohnungen von Aktionären der Santa-Fé-Gesellschaft. Der »Santa-Fé-Indianer«, die Leitfigur des Kalenders, wurde ins Leben gerufen. Diesen Indianer umgab eine durchdringende Aura von einem unfaßbaren, absoluten Sein. Sinn und Zweck war, ein strahlendes Bild vom Leben der Indianer zu entwerfen.

Der Santa-Fé-Indianer repräsentierte einen Prototyp der vorindustriellen Gesellschaft. Einfachheit. Freiheit. Würde. Sie bestimmten Leben und Kultur in der »freundlichen« Oase von Santa Fé, inmitten der Wüste des Südwestens. Die Santa Fé brauchte dringend ein mächtiges Symbol, um Aufmerksamkeit zu erregen, und so bediente man sich des Indianers und seiner Kultur, um für das Unternehmen ein zugkräftiges Markenzeichen zu entwerfen, das die Phantasie der Amerikaner anregen sollte. Die Bilder in den Almanachen und die Namen aus dem indianischen Wortschatz, die die Santa Fé ihren Zügen gab (beispielsweise »Häuptling«, »Nava-

Eine Puppe als Beifahrer.
Endstation ohne Gleise: Der Bahnhof von Los Angeles (oben)

Identität, nach der die Institution Eisenbahn so sehr suchte. Der Slogan der Zugehörigkeit fiel auf fruchtbaren Boden, und die »Amerikanisierung« der Indianer nahm ihren Lauf.

Nationalgefühl, Kultur, Phantasie und die romantischen Vorstellungen vom Westen – das waren die Grundlagen, auf denen die Werbestrategie der Santa Fé aufbaute. Die Werbeleute der Gesellschaft waren sich zweifellos der Gemeinsamkeiten zwischen der romantischen Eisenbahnfahrt und dem romantischen Bild vom amerikanischen Indianer bewußt. Die Vermengung dieser beiden Elemente führte unausweichlich dazu, daß sie oft kopiert wurde. Der »Zeitgeist« – neue Territorien und Kulturen zu erforschen – bot den Schöpfern dieser Vorstellungswelten unerschöpfliches Material. Geschichten, in denen die großen Abenteuer des Reisens mit der Bahn aus dem Blickwinkel der Ingenieure und Streckenbauer beschrieben wurden, waren ein sehr beliebtes Genre. »Anthropologische« Studien über das Leben der Indianer erschienen regelmäßig in Zeitungen und Zeitschriften.

Das Erregende an neuen Ländern und fremdartigen, aber einheimischen Kulturen bildete das zentrale Thema in der Werbung der Santa Fé für den Südwesten. Das läßt ihre Methode »vom Instinkt her ethnisch, vom Interesse her füchsisch« erscheinen; dazu kamen raffinierte Geschäftspraktiken. Die romantischen Illustrationen zum Thema Eisenbahn verweisen auf eine fremdartige, herrliche Harmonie, erzählen noch nicht entdeckte Legenden von Amerika. Sie schaffen eine Atmosphäre von Abenteuer und Exotik, preisen das einfache Leben in der Natur und berufen sich dabei auf ein Byronsches Element, das sich gegen jede mechanische Routine wendet. In der Werbebranche an der Pazifischen Küste sprachen alle Leute von den Santa-Fé-Plakaten. Sie waren einfach anders, so etwas hatte es noch nie gegeben. Man hatte ein »Genie der Plakatkunst« entdeckt, das umgehend dem Zugriff der habgierigen Konkurrenten entzogen wurde: Bis zum heutigen Tag ist der Schöpfer vieler von diesen so besonderen, beeindruckenden und populären Illustrationen unbekannt geblieben.

D. H. Lawrence

Der Schlangentanz der Hopi

Das Land der Hopi liegt in Arizona, anstoßend an das Navaho-Land und etwa siebzig Meilen nördlich der Santa-Fé-Eisenbahnlinie. Die Hopi sind Pueblo-Indianer, Dorfindianer, und so ist ihre Reservation nicht groß. Sie besteht aus einem rechteckigen Streifen grauer, reizloser Wüste, aus der sich drei hohe, trockene Tafelberge erheben, die in zackigen, fahlen Felsen abbrechen. Oben auf den Mesas horsten die ebenso schroffen, grauen *pueblos*. Sie gleichen den Tafelbergen, auf denen sie stehen.

Das nächste Dorf, Walpi, liegt halb zerfallen hoch oben auf einem schmalen Felskopf, wo noch nie ein zartes Leben gegrünt hat. Alles ist grau, äußerst trocken, äußerst fahl, Stein und Staub sehr eng. Unterhalb das ganz schamlose Licht der trockenen Sonne Arizonas.

Walpi wird ›die erste Mesa‹ genannt. Und am jenseitigen Absturz von Walpi sieht man die gebleichten Schnäbel, Fänge und Knochen geopferter Adler in einer Felsenspalte unter dem Himmel. Die Hopi opfern hier jedes Jahr einen Adler, indem sie ihn auswalzen und zermalmen, um kein Blut zu vergießen. Dann werfen sie die Überreste in die trockene Spalte an der äußersten grauen Spitze des Vorgebirges.

Die Fahrspur windet sich äußerst holprig und scheußlich dreißig Meilen weit dahin, an der zweiten Mesa vorbei, wo Chimopova liegt, hin zu der dritten Mesa. Und am Sonntagnachmittag des 17. August ruckte und kroch ein schwarzes Automobil nach dem andern über die graue Wüste, wo sich niederes, graues Beifußgestrüpp zu fahlem Gelb verfärbte. Eine schwarze Haube kroch hinter der andern her wie in einem Trauerzug. Die Kraftwagen mit all den Touristen nahmen ihren Weg zur dritten und entferntesten Mesa, dreißig Meilen jenseits dieser trostlosen Wüste, wo sich eine einsame Windmühle drehte und vereinzelte Flecken von Mais im heftigen Wüstenwinde wogten wie die dunkelgrünen Frauen in gefransten flatternden Tüchern, nicht weit vom Fuße der gewaltigen, grauen, aufgetürmten Tafel.

Der Schlangentanz wird jährlich abgehalten, hintereinander auf jeder Mesa. Im Jahre des Heils 1924 sollte er in Hotevilla stattfinden, dem Dorf auf der westlichsten Spitze der dritten Mesa.

Immer weiter holperten die Wagen. Die einsame zweite Tafel war in der Ferne zu erkennen. Immer weiter, dem zackigen Gespenst der dritten Tafel entgegen.

Auf der dritten Tafel liegen zwei Hauptdörfer: Oraibi, das an der diesseitigen Kante liegt, und Hotevilla an der jenseitigen. Der Wagen kletterte auf allen vieren hinauf, krabbelte wie eine Bäckerschabe unten am Schul- und Kaufhaus vorbei, mit Schwanken und übelmachendem Schaukeln den kahlen Felsen hinan und über das ewige Geröll zum Himmelsrand, wo die ziemlich närrische Kirche steht. Gleich dahinter, trocken, grau, zerfallen und scheinbar verlassen: Oraibi mit seinen wenigen zackigen Steinhütten.

All diese Wagen kommen den ganzen langen Weg – und anscheinend ist niemand zu Hause.

Man klettert immer weiter, die Felsschulter hinauf, noch ein paar Meilen über die hohe, windgefegte Mesa, und so gelangt man nach Hotevilla, wo der Tanz stattfindet und wo bereits Hunderte von Kraftwagen auf einem offiziellen Camping-Platz zwischen den Kiefernbüschen eingepfercht stehen.

Hotevilla ist ein winziges Dörfchen aus grauen Häuschen aus unbehauenen Steinen und Lehm, zackig um eine längliche kleine *plaza* erbaut und zum Teil zerfallen. Eines der hervorstechendsten zweistöckigen Häuser an dem kleinen Platz ist eine Ruine mit großen viereckigen Fensterhöhlen.

Es ist ein ausgedörrtes, graues Land von Schlangen und Adlern, gen Himmel getürmt. Und ein paar dunkelgesichtige, kleingewachsene, untersetzte Indianer pflegen ihre wenigen Pfirsichbäume, ihre Bohnen und Kürbisse und ihre Quellen salzigen Wassers.

Dreitausend Leute waren dieses Jahr gekommen, den kleinen Schlangentanz zu sehen, über Meilen von Wüste und Gestein hinweg. Dreitausend aller Art: gebildete Leute aus New York, Kalifornier, durchreisende Touristen, Cowboys, Navaho-Indianer, sogar Schwarze; Väter, Mütter, Kinder aller Altersstufen, Farben, Leibesumfänge und Grade der Neugier.

(...)

Am Nachmittag des folgenden Tages hatten sich dreitausend Leute in die kleine *plaza* gedrängt, hatten sich Plätze auf den Dächern und in den Fensteröffnungen gesichert, überall, bis der kleine *pueblo* aus Menschen statt aus Steinen erbaut schien. Alle möglichen Leute, Hunderte und aber Hunderte von weißen Frauen, alle in Hosen wie Halbmänner, und Hunderte von Männern, Autofahrern; ferner viele Navaho, die Frauen in ihren vollen langen Röcken und engen Samtmiedern, die Männer eher schmächtig, mit langer Taille, echte Nomaden. In der heißen Sonne und dem Wind, der den Sand jeden Tag, alltäglich, in Massen um die Ecke bläst, saßen die dreitausend Touristen stundenlang und warteten auf die Vorstellung. Der indianische Polizist räumte das Rechteck in der Mitte vor der Kiwa. Die vorderste Reihe der Zuschauer saß dichtgedrängt auf dem Boden.

Plötzlich, in unvermittelter Stille, schritten die Schlangenpriester herein, angeführt von demselben schweren Mann mit glanzlos grauem Haar wie Eisen. Diesmal waren es zwölf Männer, vom Alten bis hinunter zum schlanken, kurzhaarigen, aufrechten vierzehnjährigen Knaben. Zwölf Männer, zwei für jede der sechs Welten oder Orte: Osten, Norden, Süden, Westen, Oben und Unten. Und diesmal befanden sie sich in einer seltsamen Ekstase. Ihre Gesichter waren schwarz und ließen das Weiß der Augen hervortreten. Und sie trugen kleine schwarze Lendenschurze. Sie waren die heißen, lebendigen Männer des Dunkels, Herren über der Erde innere

Versammlung am Rand der Mesa zum Schlangentanz

Strahlen, über die schwarze Sonne im Lebenskern der Erde, aus dem die gefleckten Schlangen wie Strahlenbündel hervorschießen.

Sie schritten einen Kreis ab, rasch, ungleichmäßig, in stummer Versunkenheit, dreimal. Dann stellten sie sich in eine Reihe, den acht aschgrauen Männern gegenüber, jenseits des Deckels. Alle hielten den Kopf zur Erde geneigt, ausgenommen die jungen Knaben.

Dann begannen sich mit dem inständigen, geheimen, murmelnden Gesang die grauen Männer zu wiegen von rechts nach links, dabei schüttelten sie die Hand, eins-zwei, eins-zwei, und jedesmal das Neigen des Leibes von rechts nach links, von links nach rechts, über dem Deckel im Boden, unter dem die Schlangen lagen. Und ihre leisen, tiefen, geheimnisvollen Stimmen redeten mit den Geistern unter der Erde, nicht mit den Menschen über der Erde.

Aber die Menge war auf die Schlangen erpicht und konnte es kaum erwarten, daß die Maskerade aufhörte. Es herrschte eine Atmosphäre der Unaufmerksamkeit und Ungeduld. Doch das Singen und Schwanken wechselte von den grauen Männern zu den schwarzgesichtigen hinüber und wieder zurück, mehrere Male.

Das war das Ende. Die Aufstellung der Reihen brach auseinander. Es gab ein kleines Gedränge auf die Mitte zu, rund um den Deckel. Der alte (sogenannte) Antilopenpriester bückte sich tief. Und ehe die Menge irgend etwas anderes wahrnehmen konnte, tauchte auch schon ein junger Priester auf, verneigte sich ehrfürchtig,

hielt den Hals einer blassen, zarten Klapperschlange zwischen den Zähnen, das naive, vogelhafte Köpfchen des Tieres lag still an der schwarzen Wange, und ließ den langen, blassen, gelblichen, glitzernden Leib der Schlange wie eine dicke, schöne Kordel baumeln. Der schwarzgesichtige junge Priester ging mit der verwunderten Schlange, die ihm aus dem Munde baumelte, vorüber, schritt in dem ursprünglichen Kreis herum, während in seinem Rücken, ihm fast auf die Schultern springend, der älteste gewichtige Priester folgte und mit den Feder-Gebetsstäben dem jungen Manne die Schultern wischte, in angespannter, ernster, eifriger Sammlung, wie ich sie nur bei den alten Indianern während eines religiösen Tanzes gesehen habe.

Noch ein junger schwarzgesichtiger Mann trat aus dem Durcheinander heraus, mit noch einer Schlange, die ihm aus dem Munde baumelte und sich ein wenig wand, und ein älterer Priester, der ihn von hinten mit den Federn wischte – und dann noch einer und noch einer – bis alles ein Durcheinander war. Wahrscheinlich waren es sechs – und dann noch einmal vier junge Priester mit Schlangen, die ihnen aus dem Munde baumelten. Sie schritten dreimal den Kreis ab. Am Ende der dritten Runde bückte sich der junge Priester, legte seine Schlange vorsichtig auf die Erde und scheuchte sie fort, fort, gewissermaßen in die Welt. Sie darf sich nicht zum Kiwa-Busch zurückschlängeln.

Und nach einem Augenblick der Verwunderung steuerte die blasse, zarte Schlange mit den schönen Bewe-

Hopi-Schlangenpriester

gungen der Klapperschlange davon, in Wellen und Schlingen, den kleinen, empfindsamen Kopf wie Fühler erhoben, über den Sand zum gedrängten Publikum, das unbeweglich im Rund auf dem Boden hockte. Wie ein milder, wäßriger Blitz näherte sich die verwunderte Schlange der Menge. Bei ihrem Nahen wichen die Leute zur Seite, halb hypnotisiert. Aber sie zeigten keine übertriebene Furcht. Und als das Schlänglein sehr nahe kam, schoß einer der beiden schwarzgesichtigen jungen Priester mit einem Schlangenstock herbei, hielt einen Augenblick über der Schlange inne, in der ehrfürchtigen Gebetssammlung, die zugleich Überwindung bedeutet, und raffte das blasse, lange Geschöpf geschickt vom Boden auf, schwenkte es mit einem Schwung über die Köpfe der sitzenden Menge, glättete dann mit der Linken sanft die Länge der Schlange, streichelte, glättete und besänftigte das lange, blasse, vogelhafte Wesen; dann brachte er es zur Kiwa zurück und übergab es einem der graukiefrigen Antilopenpriester.

Unterdessen tauchten die anderen jungen Priester immer wieder mit einer Schlange im Munde auf. Der Knabe hatte seine Runden vollendet. Er ließ seine Klapperschlange auf den Boden gleiten wie ein Schiff, und wie ein Schiff steuerte sie davon. Augenblicklich war einer jener beiden jungen schwarzgesichtigen Priester, die einen Stock trugen und die Schlangen fingen, hinter ihr her. Als das Tier der Menge sehr nahe kam, haschte er es und schwenkte es dramatisch, mit seltsam starrenden Augen im schwarzen Gesicht. Und inzwischen hatte der jüngste Knabe von dem Priester beim Loch unter den Kiwa-Zweigen eine lange, stattliche *Bullsnake* erhalten. Die *Pituophis* ist ungiftig. Sie ist eine *Constrictor*. Diese war ein Meter achtzig lang und hatte ein prächtiges Muster. Sie wand den blassen Bauch und entzog ihren Hals dem Munde des Knaben. Mit beiden Händen stopfte er sie zurück. Sie machte sich noch einmal los. Wieder holte er sie zurück, und es gelang ihm, sie festzuhalten. Und dann, während er in seiner Kreisschlinge herumlief, wand sie sich kraftvoll zweimal um sein Knie. Er bückte sich ruhig, und so ruhig, als löse er sein Strumpfband, lockerte er ihre Schlingen. Und die ganze Zeit wischte angespannt ein alter Priester die magern, geraden Schultern des Knaben. Und die ganze Zeit schienen die Schlangen seltsam sanft, naiv, verwundert und fast bereitwillig, fast in Harmonie mit den Männern. Und das war ja natürlich das heilige Ziel. Währenddessen blieb der Gesichtsausdruck des Knaben ganz still und schlicht, gewissermaßen offen, von einer Offenheit, in der er und die Schlange in Einklang kommen sollten. Die einzigen Tänzer, die Aufregung verrieten, waren die beiden jungen Schlangenfänger, und besonders einer von ihnen schien in einem Zustand recht dick aufgetragener schauspielerischer Übersteigerung. Aber die alten Priester waren von jener versunkenen, religiösen Inständigkeit, die wie ein Zauber wirkt, wie etwas aus einer andern Welt.

Der Knabe ließ seine Bullsnake gleiten. Sie wollte zur Kiwa zurück. Der Schlangenfänger trieb sie sachte vorwärts. Sie glitt davon, auf die Menge zu, und wurde im letzten Augenblick in die Luft emporgerafft. Dann wurde diese Schlange einem alten Manne, der unter dem Publikum in der ersten Reihe auf dem Boden saß, übergeben. Es war ein alter Hopi aus der Schlangensippe.

Schlange um Schlange war im Kreis herumgetragen worden, am Hals aus dem Munde des einen oder andern Schlangenpriesters baumelnd und sich windend und langsam schwankend, den kleinen, feinen Schlangenkopf verwundert und lauschend erhoben. Es waren einige sehr große Klapperschlangen darunter gewesen – ungewöhnlich große –, zwei oder drei kräftige Bullsnakes und einige schwarze Nattern, Schlanknattern. Alle waren nach ihren Kreisgängen davongeglitten, alle waren von den jungen Priestern mit den Stöcken eingefangen und einem oder zwei alten Schlangensippen-Männern im Publikum übergeben worden, die dasaßen und sie wie Kätzchen in ihren Armen hielten. Die meisten Schlangen aber hatten sie den grauen Antilopenmännern überreicht, die in einer Reihe mit dem Rücken zum Kiwa-Busch standen. Bis einige dieser aschebeschmierten Männer einen ganzen Armvoll Schlangen hielten, die ihnen wie nasse Wäsche über die Arme hingen. Einige Schlangen verwickelten und verknoteten sich untereinander und zeigten blasse Bäuche.

Doch die meisten hingen sehr still und fügsam. Gefügig, fast mitfühlend, so daß einem nur ihre saubere, schlanke Länge von Schlangennacktheit auffiel, ihre Schönheit wie milder, stiller Blitz. Sie waren so sauber, weil der Priester sie in den Tagen, die sie in der Kiwa zubrachten, gewaschen, gesalbt und gereinigt hatte.

Schließlich waren alle Schlangen im Munde herumgetragen worden, hatten ihren kleinen flüchtigen Ausflug auf das Publikum zu gemacht und waren wieder den Priestern im Hintergrund übergeben worden. Und jetzt begannen die indianischen Polizisten, Hopi- und Navahomänner, die Menge zu zerstreuen, die fünf oder sechs Reihen tief rund um die kleine *plaza* am Boden gesessen hatte.

Die Schlangen sollten alle freigelassen werden. Wir mußten den Platz räumen. Wir wichen an das entlegene Ende der *plaza* zurück. Dort streuten zwei Hopifrauen weißes Maismehl auf den sandigen Boden. Und dorthin kamen fast augenblicklich die beiden Schlangenfänger, die Arme voller Schlangen. Und noch ehe wir, die wir da standen, wußten, was geschah, wanden sich und wimmelten die Schlangen im weißen Mehlstaub am Boden, zwei Meter vor unseren Füßen. Dann, noch ehe sie sich auseinanderwinden und davongleiten konnten, wurden sie sofort wieder sachte und rasch aufgerafft, und die beiden jungen Priester rannten, die Arme voller Schlangen, von der *plaza* weg.

Wir folgten langsam und verwundert gegen den westlichen oder nordwestlichen Rand des Tafelberges. Dort fiel die Mesa steil ab, und eine breite Wegspur wand sich in die unermeßliche Wüstensenke hinab, die überquoll von starkem Abendlicht, aus dem eine Flucht kantiger Felsen, weiterer Mesas und ferner kantiger Berge ragte, der gewaltige, hohle Felswildnisraum jenes Teiles von Arizona, eingetaucht in Licht.

Weit drunten auf der Wegspur laufen kleine, dunkle, nackte Gestalten mit angepreßten Armen rasch hinunter zur flachen Sohle der Senke. Die beiden jungen Männer laufen, immer kleiner werdend, durch die Senke weiteren nackten Felsen auf der anderen Seite zu. Zwei kleine, eilige, zielbewußte, immer kleiner werdende Gestalten von Menschlein. Die winzigen dunklen Menschenfunken. Götterstäubchen.

Sie verschwanden, nicht größer als Kiesel, hinter den Felsen im Schatten. Sie waren gegangen, so hieß es, die Schlangen vor einem ›Schlangenheiligtum‹ genannten Felsen niederzulegen und sie freizulassen. Frei, die Botschaft und die Danksagung den Drachengöttern zu bringen, die geben und verweigern können. Den menschli-

Der Schlangentanz beginnt

chen Geist, den menschlichen Atem, das menschliche Gebet, die menschliche Dankbarkeit, den menschlichen Befehl zu überbringen, die ihnen im Munde der Priester angehaucht, die auf sie übertragen worden waren von jenen Feder-Gebetsstäben, mit denen die alten Weisen die Schultern der jungen Schlangenträger gewischt hatten, all dies zurückzutragen in die unermeßlichen trüberen, anfänglicheren Gegenden, wo die Ungeheuer des Regens und des Windes wechselten zwischen Güte und Zorn. Gebet und Willenskraft der Menschen in die Höhlen der Winde, hinab in das Krakenherz der Regenquelle zu tragen. Das Maismehl, das die Frauen gestreut hatten, jener schrecklichen, fürchterlichen und ursächlichen dunklen Sonne zurückzubringen, die im Herzen der Erde sitzt, die uns aus der Erdennähe den Mais sendet, uns Speise oder Tod schickt, je nach der Kraft unseres Lebenswillens, der Macht unserer einfühlsamen Entschlossenheit, unserem Mute.

Es ist allzeit ein Kampf, ein Ringen. Die Sonne, die namenlose Sonne, Quelle aller Dinge, die wir Sonne nennen, weil der andere Name zu furchtbar ist, dies, diese unermeßliche, dunkle, protoplasmatische Sonne, aus der alles hervorgeht, was unser Leben nährt, dieses ursprünglich Eine ist allzeit willig und unwillig. Systole, Diastole, so pulst es seine Willigkeit und seine Unwilligkeit zu unserem Leben und Fortschreiten, von Wesen zu Wesen, von Menschheit zu künftiger Menschheit. Der Mensch, der kleine, verletzliche Mensch, der Abenteurer, der sich von dem dunklen Herzen der ersten der Sonnen am weitesten in den Kosmos der Schöpfung vorgewagt hat. Der Mensch, der letzte Gott, der Dasein gewonnen hat. Und allzeit wird er erhalten und bedroht, gefährdet und erhalten von der Quelle, dem allerinnersten Sonnendrachen. Und allzeit muß er sich unterwerfen und muß überwinden. Sich unterwerfen der seltsamen Wohltätigkeit von der Quelle her, deren Wege alles Forschen übersteigen. Und überwinden das seltsame Übelwollen der Quelle, das ebenso alles Verstehen übersteigt.

Denn die gewaltigen Drachen, aus denen wir unser Leben schöpfen, sind allzeit willig und unwillig, daß wir sind. Daher entreißen der seltsamen Höhle des Kosmos nur Helden und nur ganz allmählich das Menschsein.

Der Mensch, das Menschlein mit seinem Bewußtsein und seinem Willen, muß sich den gewaltigen Ursprungsmächten seines Lebens unterwerfen, aber er muß sie auch überwinden. Überwunden vom Menschen, der seine Furcht besiegt hat, müssen die Schlangen in die Erde zurückkehren mit seinen Botschaften der Zärtlichkeit, des Forderns und der Macht. Sie kehren als Strahlen der Liebe zurück zum dunklen Herzen der ersten der Sonne. Aber sie kehren auch zurück als Pfeile, abgeschossen von des Menschen Klugheit und Mut, hinein in das widersetzliche, übelwollende Herz in der Erde ältestem, trotzigstem Kern. Im Kern der ersten Sonnen, woraus der Mensch sein Leben schöpft, ruht Gift, so bitter wie der Klapperschlange Waffe. Dieses Gift muß der Mensch in seine Gewalt bekommen; er muß seiner Quelle Herr werden. Denn aus der ersten der Sonnen stammen die Strahlen, die die Menschen stark und froh und zu Göttern machen, die zwischen dem Bekannten und dem Unbekannten schweifen können. Strahlen, die aus der Erde hervorschießen wie Schlangen, nackt vor Leben. Aber jeder Strahl geladen mit Gift für den Unvorsichtigen, den Ehrfurchtslosen und den Feigen.

Umsicht, Vorsicht ist die Tugend in der Ethik des Primitiven. Und seine Umsicht muß rückwärts und vorwärts eilen, von den dunkelsten Ursprüngen bis hinaus zu lichtesten Bauten der Schöpfung.

Und bei aller Roheit und allem Sensationellen, das hauptsächlich aus dem Verlangen der Menge nach Aufregung stammt, muß man doch ehrfürchtig innehalten vor den zartfühligen, gesalbten Mutproben der (sogenannten) Schlangenpriester mit den Schlangen.

Hopi um die Jahrhundertwende

Wir dämmen den Nil ein und bauen Eisenbahnen quer durch Amerika. Der Hopi besänftigt die Klapperschlange und trägt sie im Mund, um sie in die dunklen Orte der Erde zurückzuschicken, eine Sendbotin an geheime Mächte.

Jeder Menschenart ihre eigene Leistung, ihr eigener Sieg, ihre eigene Überwindung. Für den Hopi sind die Ursprünge dunkel und zwiespältig; Grausamkeit ist in die allerersten Anfänge der Dinge verschlungen, und Kreis um Kreis taucht die Schöpfung auf, einer flackernden, offenbaren Gottheit entgegen. Der Mensch aber ist die bisher auf dieser Welt erreichte Gottheit, unsicher und immer unvollständig.

Für uns und die Orientalen war die Gottheit von allem Anfang an vollendet, und der Mensch vollzieht nur einen mechanischen Eingriff in ein geschaffenes und verordnetes All, einen Eingriff mit mechanischen Errungenschaften und begleitet von der Sehnsucht nach der Rückkehr zur vollendeten Gottheit des Anfangs.

Für uns war Gott am Anfang; das Paradies und das Goldene Zeitalter haben wir längst verloren, und wir können nichts anderes als versichern, es zurückzugewinnen.

Für den Hopi ist Gott noch nicht, und das Goldene Zeitalter liegt in ferner Zukunft. Der Drachenhöhle des Kosmos haben wir erst die Anfänge unseres Wesens, die Ansätze unserer Göttlichkeit entrissen.

Zwischen den beiden Sehweisen liegt der Abgrund gegenseitiger Ausschließung. Aber die unsere war der raschere Weg, und so sind wir für den Augenblick die Überwinder.

Die amerikanischen Ureinwohner sind von Grund auf, angeborenermaßen, religiös. Das Grundgewebe ihres Lebens ist religiös. Aber ihre Religiosität ist animistisch, ihre Quellen sind dunkel und unpersönlich, ihre Auseinandersetzung mit den »Göttern« vollzieht sich langsam und unaufhörlich.

Das gilt von den seßhaften Pueblo-Indianern und den wandernden Navaho, den alten Maya und den überlebenden Azteken. Sie alle sind jeden Augenblick in ihre alte, ringende Religion verwickelt.

Bis sie in einer gewissen Hoffnungslosigkeit unter unserem unbekümmerten, triumphierenden Erfolg zusammenbrechen. Und eben dies geschieht mit großer Schnelligkeit. Die jungen Indianer, die jahrelang zur Schule gegangen sind, verlieren ihre Religion, werden haltlos, entwurzelt und verfallen der Langeweile. Ein Indianer mit der ihm eigenen Religion im Innern kann sich nicht langweilen. Der Fluß des Geheimnisses ist jederzeit zu mächtig, ja, so mächtig, daß er sich gar nicht erst an Umstände anpassen kann, die tatsächlich mechanisch sind. Daher sein Versagen. So bleibt er in seinem gewaltigen religiösen Kampf um die Göttlichkeit des Menschen geschlagen zurück. Der persönliche Gott, der einen mechanischen Kosmos verordnete, verlieh den Sieg seinen Söhnen: einen mechanischen Triumph.

Bald nachdem der Tanz vorbei ist, beginnen die Navaho ihren Heimritt über die westliche Wegspur, ins Licht hinein. Ihre Frauen, mit Samtmiedern und vollen, weiten Röcken, den Busen beladen mit klirrendem Silber und Türkis, sitzen hinten auf ihren Pferden und reiten den steilen Hang hinunter, verwundert aus ihren freundlichen, breiten, mongolischen Nomadengesichtern umherblickend. Und die Männer, lang, locker, mager, mit langen Flanken, hohen Hüten über den Brauen und tief absackenden Silbergürteln an den Hüften, kommen herunter, um ihre Pferde an der Quelle zu tränken. Wir sagen, sie sehen wild aus. Aber sie haben die Entrücktheit ihrer Religion, ihrer animistischen Schau in den Augen; sie können nicht sehen, wie wir sehen. Sie können uns nicht gelten lassen. Sie starren uns an, wie uns die Präriewölfe anstarren: den Abgrund wechselseitiger Ausschließung zwischen uns.

So reiten sie in Gruppen, in Paaren oder einzeln schweigend hinunter in die niedrigeren Schichten des Lichts – die Ureinwohner Amerikas reiten in ihre abgeschlossenen Reservationen, während die weißen Amerikaner wieder zu ihren Automobilen eilen, und bald surrt die Luft vom Anlassen der Motoren wie das gewaltigste Klapperschlangengerassel.

Thomas Banyacya vom Hopi-Ältestenrat

98

John Steinbeck
In den Redwoods

Ich blieb zwei Tage bei den Leibern der Giganten. Es waren keine Touristen da und keine schnatternden Trupps mit Kameras, und es herrschte eine Stille wie in einer Kathedrale. Vielleicht schluckt die dicke, weiche Rinde die Geräusche. Die Bäume steigen steil zum Zenit, es gibt keinen Horizont. Morgens bleibt es dämmrig, bis die Sonne hoch am Himmel steht. Dann färbt das farnartige Laub in der Höhe das Sonnenlicht grünlichgold und verteilt es in Balken, oder eher in Licht- und Schattenstreifen, nach unten. Wenn die Sonne den Zenit passiert hat, ist es Nachmittag und bald Abend, und die flüsternde Dämmerung zieht sich so lange hin wie der Morgen.

Dadurch ändert sich die normale Tageseinteilung. Morgen- und Abenddämmerung sind für mich Ruhezeit und hier unter den Mammutbäumen ist fast den ganzen Tag über Ruhezeit. Vögel huschen durchs Dämmerlicht oder blitzen wie Funken durch die Sonnenbalken und geben kaum einen Laut von sich. Der Boden ist eine Matratze aus Nadeln, die sich seit über zweitausend Jahren abgelagert haben. Auf dieser dicken Decke ist kein Schritt zu hören. Mich überkam ein fremdartiges, klösterliches Gefühl. Man vermeidet es zu sprechen, aus Furcht, etwas zu stören – aber was? Von meiner frühesten Kindheit an hatte ich gespürt, daß in diesen Wäldern etwas vorging, an dem ich keinen Anteil habe. Ich hatte das Gefühl vergessen gehabt, aber es stellte sich bald wieder ein.

Nachts umgibt einen schwarze Finsternis – nur in der Höhe ist ein grauer Fleck und gelegentlich ein Stern. Und in der Schwärze ist ein Atmen, denn diese riesigen Wesen, die den Tag beherrschen und die Nacht bewohnen, leben und sind gegenwärtig und fühlen vielleicht und besitzen irgendein Wahrnehmungsvermögen, kennen vielleicht eine Art Kommunikation. (Merkwürdig, daß das Wort »Bäume« so gar nicht paßt.) Ich kann sie, ihre Macht und ihr Alter akzeptieren, denn ich wurde früh an sie gewöhnt. Menschen, die diese Erfahrung nicht haben, fühlen sich bald unwohl, als lauere eine Gefahr, als würden sie eingeschlossen, umzingelt, überwältigt. Es ist nicht nur die Größe der Mammutbäume, die sie ängstigt, sondern auch ihre Fremdartigkeit. Und warum nicht? Sie sind die letzten Überlebenden einer Gattung, die in einem Erdzeitalter, das so weit zurückliegt wie der obere Jura, in vier Kontinenten gedieh. Man fand Versteinerungen dieser Alten aus der Kreidezeit, und im Eozän und Miozän waren sie über England, Europa und Amerika verbreitet. Dann kamen die Gletscher, fällten die Titanen, so daß sie sich nicht mehr erholten. Und nur diese paar wenigen sind übriggeblieben, ein erstaunliches Zeugnis dafür, wie die Welt einmal war. Vielleicht werden wir nicht gern daran erinnert, daß wir noch sehr jung und unerfahren sind in einer Welt, die schon sehr alt war, als wir in sie hineingesetzt wurden? Oder sträuben wir uns gegen die Gewißheit, daß eine lebendige Welt weiterbestehen wird, wenn wir sie einmal nicht mehr bewohnen?

Matthias Schossig

Chablis on the rocks

Bei den Winzern im Norden Kaliforniens

Eine Autostunde von San Francisco in nordöstlicher Richtung, wenige Meilen von der Küste entfernt, findet man ein fruchtbares, weites Tal, durch das sich der Napa, ein kleiner Fluß, vielleicht so breit wie die Mosel, schlängelt. Die teilweise recht ärmlichen Holzhäuser rechts und links der Straße, die man sieht, wenn man sich dem Napa Valley von Süden her nähert, lassen nicht gerade eine reiche Gegend, in der Art europäischer Weingegenden, vermuten. Plötzlich jedoch, hinter einem rundlichen, von verdorrtem Gras bedeckten Hügel taucht ein wohlbestellter Weinberg auf, in dessen Mitte ein riesiges, barock-klassizistisch anmutendes Gutshaus steht. Nur die noch nicht ganz vollendeten Erdarbeiten lassen darauf schließen, daß es sich hier nicht etwa um ein Gebäude des siebzehnten oder achtzehnten Jahrhunderts handelt, sondern um die theatralische Inszenierung eines neuen Reichtums und um den zweifelhaften Versuch, eine historisch gewachsene Kulturlandschaft zu synthetisieren: »Instant Baroque«.

Krimsekt aus Sonoma County

Die meisten Namen, die heute mit kalifornischem Wein in Verbindung gebracht werden, sind nicht älter als dreißig Jahre. Nur eine Handvoll Weingüter produzierten schon im neunzehnten Jahrhundert hier Wein und vertrieben ihn in begrenztem Maße ausschließlich auf dem inneramerikanischen Markt. Die ersten Weinstöcke an der Westküste Amerikas wurden jedoch ironischerweise von russischen Siedlern ins Land gebracht. Zu Anfang des vorigen Jahrhunderts kolonisierten russische Fellhändler den Norden Kaliforniens mit einem Schwerpunkt um den Russian River und brachten Weinstöcke und Apfelbaumpflänzlinge von der Krim. Die Russen wurden jedoch bereits nach wenigen Jahren von den Mexikanern vertrieben, die den Weinbau zum Gebrauch als Meßwein weiterführten. 1846 revoltierten die amerikanischen Siedler gegen die mexikanische Militärherrschaft. Dieser Aufstand, die »Bear Flag Revolt«, ist der Beginn der kalifornischen Unabhängigkeit und gab diesem Staat seine Flagge mit dem kleinen Bär in der Mitte.

In den fünfziger und sechziger Jahren des vorigen Jahrhunderts wurden dann die ersten Weingüter gegründet, die teilweise noch heute bestehen: Buena Vista (gegründet von dem Grafen Harashthy aus Ungarn), Charles Krug, Schramsberg, Vallejo, Beringer und Inglenook. Die Depression zu Ende des neunzehnten Jahrhunderts und eine Reblausplage machten den Winzern das Leben schwer, die schlimmste Krise war jedoch »hausgemacht«: Das gesetzliche Verbot von Alkoholgenuß und -produktion in den zwanziger und dreißiger Jahren brachte die amerikanische Weinindustrie völlig zum Erliegen. Nur zwei Weingüter durften unter staatlicher Kontrolle weiterhin Wein produzieren – für den liturgischen Gebrauch als Meßwein. Natürlich wurde auch dieses Verbot umgangen. Wein wurde in Särgen nach San Francisco geschmuggelt, und »Bootlegger«-Schiffe lagen in der Bay, um in der Nacht die illegalen Kneipen, die »Speakeasys«, mit Stoff zu versorgen.

In den Jahren danach zählte der kalifornische Wein eher zu den exotischen, nicht besonders begehrten Raritäten – wie etwa die chilenischen oder südafrikanischen Weine. Ein großer Teil der zum Weinbau geeigneten Fläche wurde in Form von Obstplantagen und für Eßtrauben genutzt. Schriftsteller, Musiker und Beatniks konnten es sich mit relativ geringen Mitteln leisten, hier Häuser und kleine Weingüter zu kaufen, die ansonsten dem Verfall preisgegeben worden wären. Erst in den sechziger Jahren kam der kalifornische Wein mit steigender Inlandsnachfrage wieder in Schwung.

Die siebziger Jahre waren für Kalifornien Jahre des Wein-Booms. Betuchte und mutige Aussteiger aus allen Bereichen, Rechtsanwälte, Reifenhändler, Börsenspekulanten, Bauunternehmer und Brotfabrikanten stiegen aus ihren totgelaufenen Karrieren aus und in einen Bereich ein, von dem sie sich die Beschäftigung mit etwas Lebendigem und Geschmackvollem versprachen. Nicht ganz unbeabsichtigt sollte dieses Aussteigen außerdem eine langfristig lohnende Kapitalanlage sein.

Die Hi-Tech Pioniere

Die neuen Winzer gingen frisch zur Sache. Einige besuchten europäische Weinakademien und machten praktische Erfahrungen in noblen französischen Weingütern. Andere experimentierten mit hausgemachtem Wein und gingen bei amerikanischen Winzern in die Lehre. Wer es sich leisten konnte, kaufte kurzerhand einen erfahrenen Önologen und Weinmacher ein, wie dies zum Beispiel Kate und Brooks Firestone von dem Reifenmulti Firestone taten. Die neueste Kellereitechnologie aus deutschen Landen und die flinken Hände der mexikanischen Erntearbeiter taten ein übriges, um die neuen Weinmarken vom ersten Jahrgang an auf ein international konkurrenzfähiges Niveau zu heben.

Der Erfolg gab ihnen Recht. Natürlich wurde das internationale Nahrungs- und Genußmittelkapital auf diese neue Quelle sinnlicher Gelüste aufmerksam und sicherte sich seinen Einfluß auf deren Ausbeutung. Nestle kaufte Beringer, einen der großen Betriebe mit langer Tradition; der französische Champagnermagnat Chandon errichtete eine Schaumweinfabrik mit angeschlossenem Gourmet-Tempel; Roederer, Heidsieck und andere europäische Großproduzenten des edlen Getränks sicherten sich stattliche Flecken auf dem mineralreichen Flickenteppich des Napatales, um ihre von Smog und schlechtem Wetter ausgedünnten Erträge durch die sauberen, von der kalifornischen Sonne verwöhnten Oechslegiganten aufzufrischen. Die lockere, experimentierfreudige Gesetzgebung der Vereinigten Staaten ermöglichte es zudem, die Rebstöcke mit modernsten Methoden der Gentechnologie zu optimieren und so durchzustylen, daß sie bei einem Optimum an Ertrag auch noch leicht zu pflegen und zu ernten sind. Ein erheblicher Teil der Betriebskosten dieser modernen, blitzsauberen Weinbaubetriebe gilt der Erforschung neuer Methoden des Weinbaus und der Erzeugung optimaler Gärungsbedingungen. Angesprochen auf den schnellen Aufstieg der kalifornischen Weine im internationalen Vergleich, hörten wir vom Kellermeister einer großen Winzerei im Napa Valley: »We don't have to fight tradition.«

Die meisten neuen Winzereien machten sich von Anfang an die neuen Technologien des Weinbaus zunutze und entwickelten ihre eigenen Methoden, um dem Produkt ihrer Arbeit ein möglichst gefälliges sinnliches Erscheinungsbild zu verleihen. Durch Reifungsfässer aus französischer Eiche, vollklimatisierte Fermentation (jede Traubenart bei einer anderen Temperatur), weitestmögliche Entschwefelung (einige Rotweine können mittlerweile völlig ohne Schwefel ausgegoren werden), Maschineneinsatz bei der Ernte sowie kontrollierte Bewässerung und Heizung der Weinberge macht man sich hier den Weinbau untertan und erzielt vollmundige und bekömmliche Weine.

Der Wein der Superlative –
California Style

Senkrechtstarter unter den Weinbergen ist der Stag's Leap in Yountville am Westhang der Vaca Mountains, die das Napa Valley im Osten begrenzen. Im Jahre 1964 entschied sich Warren Winiarski, Politologe an der Chicagoer Universität, seinem alten Leben den Rücken zu kehren und sich zusammen mit seiner Familie jenen Aussteigern anzuschließen, die in den sechziger Jahren der Enge des Großstadtlebens den Rücken kehrten und in den sonnigen Westen der Vereinigten Staaten zogen. Er arbeitete in mehreren Kellereien, einschließlich der damals neu gegründeten Robert Mondavi Winery, die heute mit über einer Million Flaschen Jahresproduktion die größte Kellerei des Valleys ist. Winiarski war jedoch entschlossen, seinen gutbezahlten Job an der Universität nicht gegen ein eintöniges, unselbständiges Angestelltendasein auf einem Weingut einzutauschen.

Was er wollte, wußte er genau. Dabei ging er systematisch vor, studierte die Weine des Napa Valley und wählte die besten aus, um sich in der Nähe eines der Anbaugebiete seiner Lieblingsweine selbständig zu machen. 1970 ergab sich die Möglichkeit, ein Stück Land neben dem Nathan Fay Vineyard anzukaufen. Auf dem neu erworbenen Grundstück standen neben Wein auch noch Apfel- und Pflaumenbäume. In einem entschlossenen Schritt pflanzte er seine Lieblingssorte dieser Gegend, den Cabernet Sauvignon, und erntete bereits 1972, einem für Kalifornien ungewöhnlich schlechten

Weinjahr, eine erkleckliche Menge der kleinen dunkelblauen Trauben. Vier Jahre später konnte man im *Time Magazine* den Bericht über einen blinden Test der besten Cabernet-Sorten der Welt lesen, in dem Experten des französischen (!) Weinhandels in Paris den 73er Cabernet Sauvignon von Stag's Leap an erste Stelle vor die größten traditionsreichen europäischen Weine setzten. Ob es sich hierbei um einen gelungenen Reklamecoup handelt, mag dahingestellt sein; fest steht, daß die Weine dieses kleinen Weingutes mit großer Sorgfalt an- und ausgebaut werden und auf Grund ihrer tiefdunklen Farbe, ihres beeindruckenden Bouquets und ihrer Eleganz jeden Weintrinker bestechen.

Natürlich hat die Nachricht, daß der »beste Cabernet Sauvignon der Welt« aus diesem Gut kommt, dafür gesorgt, daß die Nachfrage nach den Weinen dieser Gegend enorm steigt. 1984 kaufte Winiarski auch den Fay-Weinberg, der ihn ursprünglich dazu inspiriert hatte, seinen eigenen Wein anzubauen. Damit erweiterte er seinen Betrieb um mehr als das Doppelte. Neuerdings werden außerdem Jahr für Jahr von anderen Weingütern verschiedene Sorten hinzugekauft, um in der eigenen Kellerei Weine für eine breitere Käuferschicht zu produzieren. Im Vergleich zu den eigenen Weinen sind diese Erzeugnisse jedoch belanglos, wenn nicht sogar ärgerlich, denn die mangelnde Sorgfalt, mit der sie zustandekommen, macht sich deutlich im Geschmack bemerkbar.

Stag's Leap ist jedoch trotz seines Erfolges ein kleines Weingut geblieben, das sich den Ruf der Exklusivität bewahrt hat. Andere »Einwanderer« in das Wine-Country, weiter unten im Tal, haben noch mehr auf Quantität gesetzt und produzieren mittlerweile mehr als das Zehnfache von Stag's Leap. Die Anbaugebiete im Napa Valley zusammengenommen produzieren jedoch nur sechs Prozent der gesamten amerikanischen Weinernte; sie haben aber den guten Ruf, den der amerikanische Wein mittlerweile auf dem Weltmarkt hat, begründet.

Außer dem »Wine country« im Napa und Sonoma Valley werden zunehmend auch wieder die allerfrühesten Anbaugegenden weiter nördlich am Russian River für den Weinbau genutzt – besonders von kleinen Winzereien, die die Grundstückspreise in der Nähe der prestigeträchtigen Weingüter nicht mehr bezahlen können. Auch im Nordosten im Lake County gedeiht mittlerweile ein guter Wein (Fetzer).

Besonders geeignet sind die kargen Böden im Potter Valley und seiner Umgebung im Lake County sowie das dünnbesiedelte Mendocino County für die säurereichen Weißweine, die sich zur Herstellung von Schaumweinen nach der »Methode Champenoise«, d. h. in der Flasche vergoren und regelmäßig mit der Hand gerüttelt, eignen. Französische Champagnerhersteller veredeln mittlerweile ihre Produktion mit den sonnigeren Gewächsen von hier, und einige kleine neue, auf edlen Champagner spezialisierte Winzereien, haben sich in dieser Gegend angesiedelt.

Einer der – für amerikanische Verhältnisse – etwas aus der Rolle fällt, ist Hanns Kornell, der für seinen Sekt, nach guter deutscher Manier, die säuerlichen Rieslingsorten bevorzugt, anstatt, wie im französischen und amerikanischen Champagner üblich, die körperreicheren Chardonnay- und Pinot Noir-Trauben zu mischen.

Hanns Kornell kam 1940, nachdem er der Todesmaschinerie der deutschen Konzentrationslager entkommen war, völlig mittellos in die Vereinigten Staaten. Mit

Winzer mit Erfolg: Robert Mondavi

zwei Dollar in der Tasche fuhr er per Anhalter quer durchs Land nach Kalifornien. Er hatte den Beruf des Kellermeisters von der Pieke auf gelernt (sein Onkel war Eugen Schönberger, der vor dem Krieg die größte Sektkellerei Deutschlands, Schönberger Kabinett, innehatte). Hanns begann sofort eine steile Karriere in seinem Beruf. Man reichte ihn in den gesamten Vereinigten Staaten herum, von Ohio nach Kentucky und zur American Wine Company nach St. Louis, um mit seinen Kenntnissen dem amerikanischen Sekt auf die Sprünge zu verhelfen.

1952 schließlich hatte er genügend Dollars in seinem Sparstrumpf, um sich selbständig zu machen. Er begann, indem er die kleine Ernte, die er auf dem gepachteten Gut in Sonoma erzielte, in seiner eigenen kleinen Kellerei zu einem feinen Rieslingsekt verarbeitete, den er selbst mit seinem alten Pickup-Truck nach San Francisco brachte und dort von der Straße weg verkaufte. Seine Schaumweine machten schnell Karriere, und schon 1958 konnte er die historischen Larkmead Cellars nördlich von St. Helena erwerben, in denen er heute jährlich an die achtzigtausend Flaschen von seinem »California Champagne« abfüllt.

Kalifornische Weinberge nördlich von San Francisco

Eine Reise in den goldenen November

Die beste Reisezeit für das kalifornische Weinland ist Ende Oktober bis Anfang November, wenn die Touristenströme versiegt sind (fünf Millionen jährlich), die Sonne nicht mehr so stechend (der September ist hier der heißeste Monat) und die Ernte längst vorüber ist (die meisten Sorten werden bereits im August geerntet), und das Laub der Reben und des Waldes sich in den schönsten Herbstfarben von strahlend Gelb bis in die tiefsten Rottöne verfärbt. Die Sonne hat immer noch genügend Kraft, um die Morgennebel schnell zu vertreiben, und es empfiehlt sich, gleich morgens in die Weinberge aufzubrechen, um an einer der Führungen teilzunehmen, die von bemerkenswerter Offenheit und der für Amerikaner so typischen Lockerheit sind.

Nach dem Rundgang bleiben keine Geheimnisse. Bereitwillig beantwortet die Führerin (oftmals in Gestalt einer weinkundigen Studentin oder Hausfrau) sämtliche Fragen, die ihr gestellt werden. Selbst die Alchimisten-

küche des Forschungslaboratoriums bleibt dem wißbegierigen Weinliebhaber nicht verschlossen. Anschließend wird die Gruppe der alten und neuen Kenner in die heiligen Hallen der Verkostung geleitet, die in einigen der Kellereien eher einer geweihten Kapelle als einer Winzerstube gleichen. Die Nähe zum religiösen Kult wird hier bewußt inszeniert. Das Hauptgebäude der Robert Mondavi Winery zum Beispiel ist in Form einer der weißgetünchten, spanischen Missionen gestaltet, die sich wie eine Perlenkette an der kalifornischen Pazifikküste zwischen San Diego und San Francisco aufreihen.

Wenn man sich in dem Verkostungssalon oder unter dem Baldachin unter freiem Himmel in der Mondavi Winery versammelt, hat man fast das Gefühl, zum Abendmahl zu schreiten. Sauber und ordentlich sind die Weingläser auf einem zeremoniell weiß gedeckten Altar aufgereiht. Daneben zu beiden Seiten Krüge mit Wasser, um Glas und Gaumen zwischen den verschiedenen Sorten zu neutralisieren, und kleine, ungesalzene Cracker in Hostienform, in weiße Tücher gelegt, in einem kleinen Körbchen. Gereicht werden keine kleinen Probiergläschen, sondern stilgerechte Kelche aus schlichtem, feinem Bleikristall (Made in Austria), in die man

nach professioneller Verkostermanier seine Nase bequem und tief hineinstecken kann, nachdem man den Wein fachmännisch aufgerüttelt und gegen das Sonnenlicht gehalten hat, um Farbe und Klarheit zu beurteilen. Junggebliebene Mittdreißiger können bei dieser Gourmet-Liturgie schon einmal in die Verlegenheit kommen, ihren Personalausweis zeigen zu müssen, weil hierzulande jungen Menschen ab sechzehn zwar gestattet ist, ein Auto zu fahren, und ab achtzehn sich dem Militär anzuschließen, aber, vielleicht ein Relikt der Prohibition, erst mit einundzwanzig an einem Gläschen Wein zu nippen.

Hanns Kornell, Robert Mondavi, Warren Winiarski und Harvey Firestone sind Stellvertreter eines neuen Typs des Unternehmers der amerikanischen Art, des »Entrepreneurs«. In Form von Familienbetrieben haben sie eine neue Tradition begründet und das in einem Bereich, der in Europa heutzutage dem Neuling weitestgehend verschlossen geblieben wäre. Mit großem Selbstbewußtsein und durch konsequente Ausnutzung der neuesten Technologien ist es ihnen gelungen, aus dem Stand heraus nicht nur international konkurrenzfähige Produkte hervorzubringen, sondern eine ganze Landschaft zu verwandeln. In weniger als dreißig Jahren entstand so aus einem unterentwickelten Agrarbezirk, in dem sich Waschbär und Skunk gute Nacht sagen, ein elegantes Weinanbaugebiet mit Galerien, noblen Boutiquen, feinen Restaurants und einer eklektizistischen, postmodern manirierten Architektur, die oft nur allzugern vergessen lassen würde, daß sie *nach* Frank Lloyd Wright und Le Corbusier entstanden ist. Die fehlende Tradition, die nur noch selten hier als Mangel empfunden wird, gewährt einen Freiraum, der auf sympathische Weise mit Lebenslust, Lockerheit und Experimentierfreude gefüllt wird.

Oliver Schubbe

California auf der Couch

Therapieboom an der Westküste

If ignorance is bliss,
California,
the land of fruits and nuts,
is the Garden of Eden.

»Altered States«, meldete sich eine sanfte Stimme über die Sprechanlage am Eingangstor der Bewußtseinsfabrik.

»Ich bin zum Schweben angemeldet«, sagte ich. »Nehmt ihr American Express?«

»Ja, alle Kreditkarten, komm' herein.«

Sekunden später saß ich bei Kräutertee und New-Age-Musik dem friedvoll lächelnden Verkaufsleiter gegenüber, der mich über seine Sonderangebote elektronischer Erleuchtung informierte. Ich entschied mich für eine Stunde Schweben im Samadhi-Tank, Biofeedback mit induzierten Alpha-Gehirnwellen sowie eine niederfrequente Hirnwellen stimulierende Kassette: »Brainwaves to go«.

Nach einer langen Autofahrt war ich froh, mitten im hektischen Los Angeles, zwischen Hollywood und Beverly Hills, eine Oase der Ruhe gefunden zu haben. In einem Sessel mit einer Tasse Tee entspannend, bekam ich über Kopfhörer Anweisungen, wie ich mich in der Salzwasserwanne, dem sogenannten Samadhi-Tank, zu verhalten hatte. Der Verkaufsleiter reichte mir ein Handtuch, ich duschte, stopfte mir Wachs in die Ohren. Dann stieg ich vorsichtig in die hundertprozentige Salzlösung und schloß die Einstiegsluke. Embryogleich war ich in diesem Aquarium in eine dunkle Welt abgetaucht, in der ich meine Sinne vergaß, denn sie waren vollständig abgeschirmt: Die Temperatur entsprach genau der des Körpers. Wasser und Luft waren geruchlos gefiltert. Der Tastsinn war durch die gleichmäßige Salzlösung paktisch ausgeschaltet.

In der Stille und Einsamkeit streckte und räkelte ich mich, bis ich die mir angenehmste Lage gefunden hatte. Nichts passierte. Gelangweilt begannen meine Gedanken ziellos zu kreisen und abzudriften.

Ein Klopfen an der Tankwand riß mich aus den Tagträumen. Ärgerlich, die teure Stunde fast verschlafen zu haben, öffnete ich die Luke, geblendet vom Licht. Ohne Wachs in den Ohren hörte sich das Wasser, das aus der Brause spritzte, unerhört laut an, bis ich allmählich wieder in die altbekannte Sinneswelt zurückgefunden hatte.

Anschließend verkabelte mich ein Techniker über Gehirnelektroden mit einem Biofeedbackgerät. »Du befindest dich im Stadium tiefer Meditation«, stellte er zufrieden fest, auf die rot flimmernden Lichterketten eines tellergroßen Displays zeigend, welche die Intensität verschiedener Gehirnfrequenzen anzeigten. Ich fühlte mich

eher verschlafen, wie nach einem zu langen Mittagsschlaf in den Ferien.

Frustriert, nicht die von John Lilly beschriebenen Farborgien oder extraterrestrischen Tagträume erlebt zu haben, aß ich das »Fortune-Cookie«, das mir wie nach einem chinesischen Dinner serviert wurde. Ich schlürfte eine letzte Tasse des guten Tees, bevor ich den Santa Monica Boulevard entlang zum Freeway steuerte. Sollte das alles gewesen sein?

Am Morgen des nächsten Tages erwachte ich von einem außergewöhnlich lebhaften Traum, und wenn der Geschmack des Glückskekses im Traum nicht so deutlich gewesen wäre, hätte ich wahrscheinlich in Zukunft jeden davor gewarnt, sich mit einer Kreditkarte in die Nähe von »Altered States« zu begeben. Sicher ist: Entweder »Altered States« serviert die besten Fortune-Cookies, oder die Therapie im Aquarium zeigte doch ihre Wirkung.

Californian Dreamin'

In Kalifornien gehört der Psychologe ebenso zum Alltag wie in Deutschland vielleicht die Imbißbude oder der Bäcker an der Ecke. Allein in Los Angeles gibt es über 3000 niedergelassene Psychologen, nicht mitgezählt das Heer von Drogenberatern und Familientherapeuten.

In den Medien und im Bewußtsein der Bevölkerung sind Psychologen diejenigen, die in die Tiefen der Psyche dringen, menschliches Verhalten ändern und einpflanzen, wonach sich der Klient am meisten sehnt: Glücksgefühle, ein erfülltes Eheleben, Freiheit von Schmerzen, Leid und Drogen gleichermaßen.

Doch der Tenor aus den Reihen der Therapeuten lautet: Solange wir versuchen, unser eigenes und das Leben anderer unter Kontrolle zu bringen, solange wir unser und anderer Leid fürchten und zu vermeiden suchen, so lange ist unsere Therapie nur ein Machtkampf und Nahrung für unser Ego.

Wie der richtige Appetit mit dem Hunger kommt, so blüht der kalifornische Traum, der von Ruhe und Reichtum, Entspannung und Selbstverwirklichung, erst mit der Vereinzelung und emotionalen Armut in den Metropolen, dem Streß und Anpassungsdruck der Berufswelt.

Für die meisten Bewohner Kaliforniens klaffen Alltag und Träume so weit auseinander, daß sie sich, unfähig, diese Kluft zu schließen, fragen, was sie wohl falsch machen. Sind sie doch in Film und Fernsehen täglich mit den erfolgreichen Prototypen, die es geschafft zu haben scheinen, konfrontiert. Schauspieler, die sich in Beverly Hills zur Ruhe setzen, entspannte Surfer und – zumin-

dest auf Fotos – entspannt lächelnde Therapeuten, die ein Leben frei von Streß und Armut auf Leinwand und Mattscheibe vorleben.

Es ist schick, in Partygespräche ein paar Sätze über den eigenen Therapeuten, Imageberater oder Ernährungsspezialisten einfließen zu lassen: »Wißt ihr, ich kann erst später kommen, denn ich treffe mich vorher noch mit meinem Psychologen.« Selbstverwirklichung ist ein Attribut des Wohlstands geworden.

Der Therapieboom besitzt solche Anziehungskraft, nicht weil die Kalifornier verrückt wären, sondern weil die Therapie verspricht, die Kluft zwischen Idealvorstellungen und Wirklichkeit zu schließen, und als der verloren geglaubte Schlüssel zur Erfüllung des Traums der Einwanderer gilt.

The Garden of Esalen

Südlich von San Francisco, bei Big Sur am Highway One, dort, wo die Küstenlandschaft am reizvollsten ist, liegt Esalen. Die Holzgebäude dieses berühmten Bewußtseins- und Therapiezentrums erinnern an ein rustikales Motel, umgeben von üppigem Gras und urwüchsig bewaldeten Berghängen.

Eine schmale Holztreppe windet sich hinunter zum Strand. Wassermassen aus den Bergen tosen zwischen Felsen in die Tiefe. An steil aus dem Pazifik ragende Steinwände schlagen hohe Wellen in einem beruhigenden Rhythmus, der auf dem gesamten Gelände deutlich vernehmbar ist und sich mit den Melodien unzähliger Vogelstimmen mischt.

Oberhalb der Küstenfelsen sonnen sich neben heißen Heilquellen nackte, bewußte Körper, während andere auf der Terrasse beim Swimmingpool phantasievoll gekleidet, meditierend oder diskutierend beisammensitzen. Die Tüchtigen, die auf dem Feld Biogemüse anbauen, verdienen sich damit Kost, Logis und ihre Teilnahme an den Workshops.

Esalen wirkt, als gäbe jemand mit Zeit, Geld und ungehemmter Neugier eine große Party – und alle kämen! Joan Baez, Simon and Garfunkel, George Harrison und Ringo Starr, Ravi Shankar, Henry Miller, Aldous Huxley, Lama Govinda, Paul Tillich, Susan Sontag, Abraham Maslow, Rollo May, Carl Rogers, B. F. Skinner, John Lilly, Stanislav Grof, Fritz Perls, Alexander Lowen und Fritjof Capra. Sie alle haben seit über fünfundzwanzig Jahren die Geschichte Esalens geprägt.

In den sechziger Jahren war Esalen ein Drogenparadies für Hippies, in den späten Siebzigern eher ein Disneyland für Yuppies, heute ist es so etwas wie ein Ashram ohne übertriebenen Glaubenseifer oder eine Universität ohne die übliche Strenge, ein Experimentierfeld, in dem Menschen ihre unbegrenzten Möglichkeiten entdecken können.

Stanislav Grof, anfangs überzeugter Freudianer und langjähriges Mitglied der Esalen-Gemeinschaft, entwickelte in zwanzigjähriger Forschungsarbeit mit LSD und anderen Halluzinogenen eine Therapieform, die mit Atemkontrolle und Rebirthing die tiefste Bewußtseinsebene zu heilen verspricht: Holotropische Therapie.

Die Finanzberaterin Karen berichtet: »Ich erlebte die Einheit des Universums und mich als notwendigen Teil davon. Mit diesem tiefen Wissen wurde ich mir selbst gegenüber zufriedener, viel glücklicher und geduldiger. Ich begann, den Alltag und meine Mitmenschen mit anderen, akzeptierenderen Augen zu sehen und Liebe intensiver zu erleben.«

Andere Klienten berichteten mir, wie sie ihre eigene Geburt nacherlebten, ihr Wachstum als Embryo, bis sie schließlich zu früheren Geburten und Lebensformen vorstießen.

Holotropisch bedeutet: »nach Ganzheit strebend« – Körper, Geist und Seele verbindend. Der Therapeut schafft eine geborgene Umgebung, überwacht den Atemrhythmus und räumt Hindernisse zum tiefstmöglichen Erleben traumatischer Vergangenheit aus dem Weg. Zum Schutz der Psyche werden im Kindesalter traumatische Ereignisse vom Bewußtsein ferngehalten, bis sie in der Therapie nicht nur erinnert, sondern zum ersten Mal bewußt durchlebt werden können. Die Integration solcher Erfahrungen ist eine sehr konkrete Bewußtseinserweiterung, die oft über die Grenzen des Geburtstraumas hinaus mit tiefgreifenden Veränderungen des Welt- und Selbstbildes einhergeht.

Die Psychoanalyse auf der Couch Freuds war auf verbale Kommunikation beschränkt. Gefühlsausbrüche wurden als Störungen behandelt und ebenso vermieden wie direkter Körperkontakt. Die Einheit von Psyche und Körper wurde vernachlässigt, die oft starken Muskelverspannungen zum Beispiel, die einen Teil neurotischer Störungen bilden, ausgegrenzt.

Über 40 Jahrtausende lang waren veränderte Bewußtseinsstadien als das effektivste Mittel psychischer Heilung anerkannt. Heute kämpft die Gesellschaft für transpersonale Psychologie mit Stanislav Grof an der Spitze erneut für Anerkennung dieser grundsätzlich alten, durch neueste Forschung abgesicherten Heilmethode. Provozierend erklärte Stanislav im Sommer '89 an der Stanford Universität:

»Die Kirche hat es geschafft, der Menschheit die unmittelbarste spirituelle Erfahrung zu verweigern, indem sie diese zum Privileg weniger Heiliger erklärte; die Schulpsychologie hindert Menschen an ihrer vollsten Entfaltung, indem sie ein ›Rushhour-Bewußtsein‹ zur Norm erklärt.«

Von Seiten der Medizin schlägt der Chirurg und Krebsspezialist Dr. Siegel die Brücke zur ganzheitlichen Heilkunst. Psychotherapie im OP? Bernie Siegel unter-

suchte nach Tausenden von Operationen schließlich das Geheimnis der sogenannten Spontanheilungen: »Gesund wurden diejenigen, die, sobald sie sich ihrer Krankheit bewußt werden, ihre gesamte Lebensweise ändern, ihrem Leben einen Sinn geben, es in seiner ganzen Fülle genießen und sich nicht darum kümmern, wie lange sie nach Meinung der Ärzte noch zu leben haben.«

Ein in Kalifornien rapide wachsender Zweig der Medizin heißt Psychoneuroimmunologie: die Lehre von den Verbindungen zwischen Psyche und Immunsystem. Ihre Ergebnisse sind für AIDS und Krebs gleichermaßen relevant.

Für den ersten Schritt der Lebensumstellung schlägt Bernie Siegel fünf Regeln vor:

»1. Führe ein Tagebuch deiner Gefühle und Träume. 2. Treffe dich regelmäßig mit einer Gruppe von Menschen, die dich lieben, dir aber auch die Wahrheit ins Gesicht sagen können. 3. Meditiere, bete oder höre regelmäßig entspannende Musik. 4. Sei dir am Anfang einer jeden Stunde deiner Gefühle bewußt und handle entsprechend. 5. Sieh zweimal täglich nackt in den Spiegel und finde etwas neues Liebenswertes an deinem Körper.«

Manche Menschen ziehen eine Operation einer positiven Lebensweise vor, stellt Dr. Siegel fest. Die Frage, die sich Kranke stellen sollten, lautet deshalb: »Wie erfüllend ist mein Leben?« anstatt »Wie lange habe ich noch?«

Bernie Siegels Erfolg als Bestsellerautor und seine Überzeugungskraft auf Workshops leben aus seinem sprachlichen Witz, seinen phantasievollen Metaphern und Fabeln sowie seinem Mut, tragischen Situationen vertrauensvoll in die Augen zu blicken.

»Wenn ich heute vor 500 AIDS-Patienten AIDS ein Geschenk nenne«, erzählt Dr. Siegel, »wirft niemand mehr mit Schuhen nach mir. Die Leute verstehen, daß ihnen die Krankheit helfen kann, ihr Leben zu heilen. Habe ich das Recht, die Krankheit anderer ein Geschenk zu nennen? Nein, Krankheit ist nur für diejenigen ein Geschenk, die sich entschließen, sie als solches anzunehmen.«

Die Bereicherung durch Therapie

Wie vielen, die es sich auf einer Couch richtig bequem machen, wurde auch mir im Land der höchsten Therapeutendichte schnell das Geld aus den Taschen gezogen. Eine Stunde Einzeltherapie kostet in Kalifornien durchschnittlich hundert Dollar, weshalb der Therapieboom bis heute eine Bewegung der weißen Mittelschicht geblieben ist.

»Probier's einfach«, erinnerte ich mich an den Rat eines Freundes und nahm mir vor, meine Geldsorgen mit einem psychologischen »Wealth-Training« zu kurieren.

»Fünftausend Dollar für eine Woche Training?« fragte ich verdutzt, als ich bezahlen sollte: »Bitte geben Sie mir zuerst Gelegenheit, mit einem Ihrer zufriedenen Kunden zu sprechen.« Man gab mir eine Telefonnummer, und ich lud John, der gerade das Training absolviert hatte, zum Dinner ein.

John war tatsächlich überzeugt, die 5000 Dollar gut angelegt zu haben. Er erinnerte sich, wie er kurz vor dem Workshop zu Trinken aufgehört hatte, und an das Training, in dem er gute Freunde gewann, und mehr:

Alle Workshopteilnehmer mußten zuerst Schweine imitierend ihre eitlen Charaktermasken durch brechen, bevor sie die Aufgabe bekamen, sofort und ohne einen Pfennig eigenen Geldes in einem Altersheim allen Bewohnern Blumen als Zeichen der Liebe zu überreichen. Die Aufgabe galt als erfüllt, sobald ein Videofilm der Aktion im Therapieraum eintraf. Die Gruppe kam auf die Idee, Besitzern von Blumengeschäften anzubieten, kostenlos für sie zu werben. Bereits der erste Blumenhändler reagierte begeistert und spendierte seinen gesamten Rosenbestand. Ein Teilnehmer fuhr nach Hause, um seine Videokamera zu holen, und am Ende von nur zwei Stunden jubelten die Therapeuten mit der ganzen Gruppe den herzergreifenden Szenen aus dem Altersheim zu. Reichtum, so die »Weishcit« der Therapeuten, besteht darin, geben zu können – und dazu braucht niemand Geld.

»Ich weiß, Geld macht nicht glücklich«, kommentierte John, »aber ich will mir das gern selbst beweisen.«

Die Leiter des »Wealth-Training« versäumten nicht, Strategien zum Reichwerden zu bieten, denn schließlich hatten die Patienten viel Honorar gezahlt: Der Reiche vermehrt sein Geld, so die Darwinistische Erklärung, der Arme macht Schulden. Ein Reicher hat Erfolg, weil er das Wichtigste, das zum größten Erfolg führt, zuerst anpackt.

Der Erfolgreiche weiß, was er will und tut alles in seiner Macht stehende, sein Ziel zu erreichen. Er ist freigiebig, ob er Geld hat oder nicht.

Unsere eigene Angst, sagte der Leiter, hält uns davon zurück, unsere Träume zu verwirklichen. Er bat jeden Teilnehmer, seine sieben größten Ängste auf ein Blatt Papier zu schreiben, sich einen Partner zu suchen und mit ihm eine Angst nach der anderen zu besiegen. John hatte am meisten Angst davor, mit einflußreichen Persönlichkeiten zu reden. So wählte er den Manager des höchsten Wolkenkratzers San Diegos, machte einen Termin. Bei dem Treffen in dem Büro hoch über der Stadt, überzeugte John den Manager, ihn anzustellen.

John kam mit einer neuen Stelle in der Tasche zurück, doch einer der Leiter warnte ihn: »Verfolge nie Ziele um ihrer selbst willen. Nur Erfolge, die in Einklang mit deinen Werten stehen, mit deinem Lebenssinn, mit deinem wahren Selbst, nur solche Erfolge werden dich glücklich machen.«

Nach dem reichhaltigen Dinner mit John hatte ich mit einem Schlag meine ersten 5000 Dollar in Kalifornien selbst verdient, denn ich verzichtete auf die Teilnahme an diesem Lehrgang. Während des Gesprächs mit John war mir auch noch etwas klar geworden: Die Tatsache, daß bis heute 95 Prozent meiner eigenen Klienten am Ende der Therapie einen Einkommenszuwachs verbuchen konnten, findet deutlich mehr Beifall als Heilungen psychosomatischer Leiden oder eine neue Grundhaltung dem Leben gegenüber.

Ann Wilson Schaef, eine ehemalige Psychotherapeutin und anerkannte Kritikerin der kalifornischen Psychoszene, schrieb kürzlich mit spitzer Feder über den Therapieboom an der Westküste: »Wir können uns keine Interpretationen mehr leisten. Interpretationen und Ratschläge sind eine Art der Vergewaltigung. Psychologen spielen in unserer Gesellschaft die gleiche Rolle wie der hilfreiche Partner eines Süchtigen: Wir peppeln Leute auf, damit sie weiterhumpeln können – ohne daß sich wirklich etwas ändern müßte.«

Susanne Raubold

Beyond Chinatown

Der Ferne Osten an der Westküste

Chinatown – das ist die Stadt als Geheimnis. Eine exotische Kulisse, die mit ihrem Rätsel lockt und es gleichzeitig verbirgt. Eine lächelnde asiatische Sphinx. Wer jedoch als Tourist nur kurz an der Westküste ist, sieht in San Franciscos Chinatown kaum mehr als einen Sightseeingort mit drei Sternen im Reiseführer. Und das ist kein Wunder: Chinatown – immerhin die größte chinesische Kolonie außerhalb Chinas – hat sich eine faszinierende, aber nahezu undurchdringliche Fassade geschaffen. Die besteht im wesentlichen aus der verkaufsfördernden Kombination von Geschäften und Restaurants entlang der Grant Street. Zu kaufen gibt es »typisch chinesische« Ware wie Räucherstäbchen, Fächer und schwarze Baumwollschuhe, kleine mit Seidenstoffen überzogene Pappdosen, Ginseng aus Wisconsin und die unvermeidlichen bedruckten T-Shirts: »Wonderful Chinatown«. Ein Billigangebot reiht sich ans nächste. Der Kauf bedarf keinerlei Kenntnisse von Kultur und Sprache und verschafft dem fußmüden Touristen das beruhigende Gefühl, ein Stückchen China mit nach Hause zu nehmen. Und natürlich folgen als zweiter Programmpunkt der Chinatowntour die unvermeidlichen Chinarestaurants. Sie können grob in drei Gruppen eingeteilt werden. Da gibt es die teuren Restaurants für die Kenner chinesischer Küche und in der Preisklasse für Geschäftsleute mit Spesenkonten; hier sieht man sowohl Weiße wie Asiaten. Die zweite und größte Gruppe von Restaurants präsentiert sich stolz als »Chinaburger«. Alles ist auf den Fast-food-Touristen zugeschnitten. Neonschilder locken ihn herein, die Speisen sind als Bildchen zu sehen, auf die er beim Bestellen zeigen darf, und beim Essen ist man eh ganz unter sich in der Reisegruppe aus Schwaben. Denn die Chinesen selbst sind in einer ganz anderen Art von Restaurant zu treffen. Auf Ausstattung und Werbung wird hier kein großer Wert gelegt. Dafür ist im Schaufenster das Angebot der Speisen im Original zu bewundern. In langen Reihen hängen Enten, Hühner und anderes Geflügel. Schon knusprig gebraten und fett glänzend, ersetzen sie die Neonschilder als Werbemittel. In den fast nur von asiatischen Anwohnern aufgesuchten Lokalen ißt man preiswert und sehr gut, und als Zugabe gibt es einen kleinen Einblick in eine fremde Welt.

»Im Jahr des Drachen«

Das Reizvolle an Chinatown ist das Verhältnis dieser polierten Oberfläche und der Erwartung, ja Begierde, das dahinterliegende Geheimnis zu entdecken. Unzählige amerikanische Krimis spielen an diesem sagenumwobenen Ort. Allen voran die Geschichten von Dashiell Hammett, der als Bewohner San Franciscos in der Geschichte von der »Dead Yellow Woman« (auf deutsch: Fracht für China) zwar eine gewisse Ortskenntnis zeigt, sich aber dennoch bald hoffnungslos verläuft. »Wenn man die Hauptdurchgangsstraßen und Sehenswürdigkeiten verläßt und sich aufmacht, um in Gäßchen und dunklen Winkeln herumzustöbern, und es passiert einem nichts, hat man die Chance, interessante Dinge zu entdecken – obgleich einem manche davon gar nicht gefallen werden.«

Zu einem großen Teil jedoch rührt das Geheimnis Chinatowns – neben allen anderen Mysterien der chinesischen Mentalität – von dem für Europäer unverständlichen und komplizierten Geflecht dreier chinesischer Organisationen her, die Chinatown seit Jahrzehnten regieren: Erstens »Huiguan«, die »district association«, die sich im lokalen Bereich um Arbeit, Schule und die medizinische Versorgung kümmert. 1882 wurde dieser Dachverband der ansässigen »chinese six companies« gegründet. Zweitens die »Gongso«, eine Art von »Familienzusammenschluß«. Hier schaffen sich Männer mit dem gleichen Nachnamen – in einer Stadt, die bis nach dem Weltkrieg fast ohne Frauen und Kinder war – eine Ersatzfamilie. Und drittens die »Tongs«. Sie fungieren als eine Art Brüderschaft, worunter auch Geheim- und Spielerbünde fallen. Heute allerdings gilt das besondere Interesse mehr und mehr dem neuen, unermeßlichen Reichtum, der von Osten her an der kalifornischen Küste Einzug hält. Nicht nur, daß nach den Japanern jetzt die Koreaner die billigen Autos bauen, daß »Columbia Pictures« von Sony aufgekauft wird, nein, auch die Rückgabe der britischen Kronkolonie Hong Kong an das chinesische Festland im Jahre 1997 wirft ihre Schatten voraus; manche meinen, die Schatten fielen auf San Francisco.

Hong Kong Dollar

Der neue Geldadel, wie man die Reichen in einer Mischung aus heimlicher Bewunderung und Furcht in San Francisco nennt, hat tatsächlich in den letzten Jahren große Mengen an Grundbesitz in der Innenstadt erworben. Diese Transaktionen in asiatischem Besitz lassen wieder das Gerede einer »gelben Gefahr« laut werden. »Die kaufen unsere Stadt auf. Wie die Ölscheichs!« Aber weder mit den Asian-Americans, Filipinos noch den neu ankommenden Koreanern oder gar vietnamesischen Boatpeople haben diese vorwiegend aus Hong Kong stammenden Investoren außer einer leichten Schrägstellung der Augen das Geringste gemein. Denn die circa 8000 Hong Kong Chinesen, die während der ersten Welle von 1982 bis 88 nach San Francisco gezogen sind, entstammen den reichsten Familien der britischen Kronkolonie und machen an der Westküste der einheimischen High Society Konkurrenz. Und wo wird es schon gern gesehen, wenn Emigranten nicht Tellerwäscher sondern Millionäre sind.

Wenn für den Hong Kong Chinesen millionenschwere Finanzimperien als Startkapital in der neuen Heimat dienen, so bringen die meisten anderen asiatischen Einwanderer neben mehr oder weniger guten Englischkenntnissen nur ihre großen Familien mit. Diese Familien mit ihrem engen Zusammenhalt sind häufig das Kapital für den Neuanfang. Und so kommt es, daß man an jeder Straßenecke mitten in der Nacht in einem »Deli«, wie die gemischten Lebensmittelgeschäfte heißen, noch alle möglichen Leckereien erstehen kann. Vorwiegend koreanische Familien haben in diesem Geschäftszweig Fuß gefaßt. Und was ihre Geschäfte so unschlagbar macht, das ist nicht das ganz besondere Warenangebot: Coke, Zigaretten und Chips gibt's überall. Das Einzigartige sind ihre besonderen Öffnungszeiten, und das heißt, solch ein koreanischer Laden ist eigentlich immer geöffnet. Es findet sich offensichtlich immer ein Neffe oder Onkel, der auch von Mitternacht bis drei Uhr morgens noch auf die Kasse achtgibt und den Nachteulen der Großstadt zu einem Sandwich und einem Sixpack verhilft.

»Die wahren Pioniere«

Die ersten dieser jetzt so zahlreichen Asian-Americans kamen bereits vor etwa 150 Jahren nach Kalifornien. Über die Zwischenstation Hawaii segelten 1854 die ersten 150 chinesischen Fischer aus den südlichen Provinzen Chinas nach San Diego. Mit Shrimps und Abalone versorgten sie bald nicht nur den einheimischen Markt, auf dem sie mit eingewanderten Italienern wetteiferten, sondern sie exportierten auch getrockneten Fisch nach Asien. Als 1890 der Fischereibetrieb mit Dschunken und dem Schleppnetz verboten wurde, endete die Geschichte der chinesisch-kalifornischen Fischerei.

Dafür beginnt im Jahre 1863 der Bau einer Eisenbahnlinie quer durch den amerikanischen Kontinent, ein Projekt, das entschieden dazu beiträgt, den Westen zu erschließen. Zwei Eisenbahnbaugesellschaften werden gegründet. Die »Union Pacific« baut von Omaha aus nach Westen, und die »Central Pacific« startet im kalifornischen Sacramento in Richtung Osten. Irgendwo in der Mitte sollen die beiden Schienenstränge aufeinander treffen. Da nicht genügend amerikanische Arbeitskräfte vorhanden sind – es ist Bürgerkrieg, und im Westen herrscht der Goldrausch – beschäftigt die »Union Pacific« irische Einwanderer, während man in Sacramento chinesische Arbeitskräfte einstellt. Entgegen allen Vorurteilen – die Amerikaner halten die kleinen Männer zunächst für schwächlich und nur zu »unmännlichen« Berufen wie Hausdiener, Koch und Wäscher geeignet – arbeiten diese Chinesen so emsig, daß im Lauf der Zeit 10000 bis 12000 Chinesen an der Eisenbahn beschäftigt werden. Der Erfolg der chinesischen Bautrupps hat verblüffende Gründe. Eine straffe Organisation in Zwölfergruppen, die von einem englisch sprechenden Vorarbeiter geleitet werden und auch gemeinsam leben und essen, – Chop-Suey und Tee, statt »baked beans« und Whiskey – schafft ein hohes Maß an sozialer Kontrolle und Disziplin, aber auch Rückhalt für den einzelnen. Und sie sind erfolgreich.

Vielleicht sogar etwas zu erfolgreich, denn der auf 14 Jahre projektierte Eisenbahnbau ist bereits nach sieben Jahren beendet. Nun erschließt sich plötzlich für Kali-

111

Ehemaliges Ghetto für Eisenbahnarbeiter

Gedenkstein für das Internierungslager Manzalar

fornien der gesamte amerikanische Markt. Die Farmer steigen von Weizen auf die ertragreicheren Obstplantagen um, deren Erntearbeiter 1882 zu 75 Prozent Chinesen sind. Die kalifornische Landwirtschaft steigert bis 1900 ihren Ertrag von 750 000 (1860) auf 30 Millionen Dollar. Aber auf der anderen Seite strömen mit der Eisenbahn auch andere ethnische Gruppen in den Westen, die erst an Ort und Stelle feststellen, daß die Goldminen leer sind, und nun eine Arbeit suchen, wie jene, die bislang beim Bau der »Central Pacific« beschäftigt waren. Zusätzlich wandern in den Jahren 1872 bis 1875 30 000 Chinesen ein. Es herrscht Arbeitslosigkeit, und eine der ersten Wirtschaftskrisen bricht herein. In den Jahren 1880 bis 1890 nehmen die anti-chinesischen Ressentiments dramatisch zu, in den großen Städten wachsen die Chinatowns, und 1882 wird ein genereller Einwanderungsstop erlassen. Damit beginnt die Geschichte der restriktiven amerikanischen Einwanderungspolitik mit Selektion, peinlichen Befragungen und dem demütigenden Aufenthalt auf der Einwanderer-Gefängnis-Insel Angel Island, dem pazifischen Gegenstück zu Ellis Island im New Yorker Hafen. Chinatown war bis in die fünfziger Jahre hinein eine Männergesellschaft. Eine Frau wird von mindestens 27 Männern umworben, statistisch gesehen. Bis nach dem Zweiten Weltkrieg war es den Chinesen nicht erlaubt, Frauen und Kinder nachkommen zu lassen. Man war also unter sich, schickte Geld nach Hause, und wer es sich leisten konnte, fuhr nach Jahren zu Besuch, um die Familie zu sehen. Erst nach dem Zweiten Weltkrieg, in dem viele junge Männer asiatischer Abstammung gedient hatten, änderte sich die Gesetzgebung. Als Dank für den Frontdienst wurde ihnen endlich die Staatsbürgerschaft der USA verliehen, und sie erhielten die Erlaubnis, in ihrer Heimat eine junge Frau zu heiraten und mit ihr nach Amerika zurückzukehren. Dieser einwanderungspolitischen Veränderung durch den Zweiten Weltkrieg ging allerdings für einen Teil von ihnen ein tausendfaches und gänzlich unbekannt gebliebenes Drama voraus: das der Japaner.

Mit dem Angriff auf Pearl Harbour, den amerikanischen Kriegshafen auf Hawaii, am 7.12.41 befinden sich die USA mit Japan im Krieg. Das macht plötzlich die seit Jahrzehnten in Kalifornien arbeitenden Restaurantbesitzer, Angestellten einer Wäscherei und kleinen

Farmer zu Kriegsgegnern der Bevölkerung der Vereinigten Staaten, während die Chinesen zu Verbündeten der Amerikaner avancieren, weil sie sich schon seit sieben Jahren im Krieg mit Japan befinden. 120 000 Menschen japanischer Abstammung werden also auf allerhöchsten Befehl in »concentration camps« – so der offizielle Begriff – gesteckt. Die Verfügung Nr. 9066 vom 19. Februar 1942, unterzeichnet von Präsident Franklin D. Roosevelt, besiegelt ihr Schicksal für die nächsten Jahre. Und wie immer, wenn »große Politik« in das Leben der kleinen Leute eingreift, kann niemand recht begreifen, was vor sich geht. Da flattert ein Brief ins Haus, man solle sich in drei Tagen zum Abtransport an der Schule bereitfinden. Zwei Koffer dürfen mitgebracht werden, also was sich tragen läßt. »Das muß ein Mißverständnis sein!« »Was wollen die nur?« »Das kann doch nicht sein!« Aber es ist so. Die Amerikaner haben zehn Internierungslager mitten in der Wüste, in den unwirtlichsten und den abgelegensten Gebieten aus dem Boden gestampft. Hier werden alte Leute in schmutzigen Baracken eingesperrt, nur weil ihre Eltern oder Großeltern in Japan geboren wurden. Nicht allein, daß es schreckliche Jahre sind für die, die überleben – viele sterben auch in dem mörderischen Klima der Wüste – fast jede Familie, die in die Lager gerät, hat ihre gesamte Existenzgrundlage verloren, kleine Lebensmittelgeschäfte, Farmland

Chinesische Amerikanerin

American Ginseng Tea, San Francisco

Der Asian-American Dream

Da es keine direkte Meldepflicht in den USA gibt und viele illegal eingewandert sind, weist die Bevölkerungsstatistik der »City« von San Francisco keine genauen Zahlen, sondern eher geschätzte Werte auf. Die Gruppe der asiatisch-pazifischen Bevölkerung – zu der auch 42 000 Filipinos gehören – hat demnach etwa die gleiche Größe wie die der »Weißen«: jeweils über 300 000. Sie werden gefolgt von Hispanics und Schwarzen mit jeweils unter 100 000. Weiterhin blühen Rassendiskriminierung und Vorurteile auf, wenn das Außenhandelsdefizit der USA und wirtschaftliche Probleme mit Japan, Korea und Taiwan Ängste der »gelben Gefahr« aufkommen lassen. Die Colleges und Universitäten beschränken den Zugang der erfolgreichen asiatischen Bevölkerungsgruppen künstlich durch Zulassungsquoten, damit die anderen nicht schon bei der Ausbildung hoffnungslos unterliegen. (An der Universität Berkeley haben sich im Herbstsemester 1989 32 Prozent weiße Studenten eingeschrieben, hart gefolgt von 28 Prozent asiatischen, nur 16 Prozent hispanischen und 11 Prozent schwarzen Studenten. Die letzten beiden Bevölkerungsgruppen erhalten bei der Zulassungsnote einen Bonus, die Asiaten nicht.) Und selbstverständlich ist man in den Spitzenpositionen von Management und Politik unterrepräsentiert. Allen Minderheiten gemeinsam ist das für Weiße kaum nachvollziehbare Drama der Identitätsfindung. Was für die Schwarzen Amerikas mit dem Begriff »Chocolatechip« – eine dunkle Außenhülle, die eine helle Füllung hat – gemeint ist, das gilt in einer anderen Färbung auch für viele Asiaten. In immer stärkerem Maße wird für die zweite, dritte, vierte und fünfte Generation der Emigranten aus dem asiatischen Raum das Langzeitproblem deutlich. In Amerika aufgewachsen, als Kinder chinesischer Einwanderer geboren, verbindet sie immer weniger mit dem chinesischen Festland, seiner Kultur, Sprache oder gar seiner Schrift, die nur noch die allerwenigsten dieser Einwandererkinder erlernen. Sie denken und fühlen amerikanisch. Sie glauben an ihren »amerikanischen Traum«, zwischen dem Fernen Osten und der kalifornischen Westküste.

und das eigene Haus. Die Familie von Mary Odas zum Beispiel; heute ist sie Ärztin in der Nähe ihres alten Heimatorts: Nur zwei Wochen hatte sie damals Zeit, um den Besitz aufzulösen. Ein neuer Traktor für 1 200 Dollar, drei Autos, drei Laster, das gesamte Hab und Gut, Haus und das Land bringen nur 1 300 Dollar. Amerikanische Nachbarn wittern ihre Chance, endlich den schlitzäugigen Eindringlingen Gerechtigkeit widerfahren zu lassen. Und die können nicht handeln, sie müssen gehen. In den Lagern werden ihnen Fragebögen ausgehändigt, die die Loyalen von den Illoyalen trennen sollen. Frage 27 richtet sich an männliche Nisie (die zweite Einwanderergeneration, im Lande geboren): »Bist Du bereit, als bewaffneter Soldat der Streitkräfte der US Army zu dienen, egal wohin Du abkommandiert wirst?« Und Frage 28 fordert den Schwur der vollständigen Treue zur USA und ein eindeutiges Feindbild vom japanischen Aggressor. 9 000 beantworten die heiklen Fragen mit einem doppelten Nein. Der Rest, das sind 85 Prozent der Befragten, dokumentiert vollständige Loyalität mit den USA und schreibt zu beiden Fragen Ja. Wer so geantwortet hatte, konnte sich freiwillig zur Armee melden, eine letzte patriotische Geste, zu der viele junge Männer sich entschließen, um entweder hoch dekoriert aus dem Krieg heimzukehren, als reingewaschene US-Bürger, – oder um für Amerika zu sterben.

Annemarie Madison

Eine Stadt im Kampf gegen AIDS

Das Modell San Francisco

Die weiße Fassade der Mission Dolores glänzt im Sonnenlicht. Diese Kirche San Franciscos mit ihrer so typischen Missionsarchitektur ist ein Ort der Geschichte und Geschichten. Im Jahre 1776, nur wenige Tage bevor die amerikanischen Kolonien an der Ostküste ihre Unabhängigkeit von England erklärten, gründeten spanische Franziskanermönche an der nebeligen Meeresbucht eine Missionsstation, die der Stadt mit ihren 42 Hügeln später ihren Namen verlieh.

Fluchtpunkt San Francisco

Heute ist die Mission Dolores mit ihrem kleinen Friedhof das älteste Bauwerk San Franciscos. Auch wenn sie 1825 aufgegeben wurde und zu verfallen drohte, wurde sie einige Jahre später während des Goldrausches zu neuem Leben erweckt. Ihre Mauern hielten dem schweren Erdbeben und den Feuersbrünsten im Jahre 1906 stand. Heute liegt sie unweit der Castro-Street, der Hauptstraße des schwulen Viertels San Franciscos, wo die Heterosexuellen eher eine großzügig tolerierte Minderheit sind. Vor zwei Jahrzehnten haben hier die Gays die heruntergekommenen irischen Geschäfte und Häuser aufgekauft, renoviert und zu ihrem Stadtteil gemacht. Neben der Castro Street im Eureka Valley entstanden drei weitere markante Bezirke für die Schwulen: das Hafenviertel, in dem die Seeleute abstiegen und öfters seßhaft wurden; die Polkstreet, heute gemischt bewohnt, in der aber die Bars »men only« sind, und die Folsom Street, Zentrum der Lederszene, wo hauptsächlich Gay-Bars und die inzwischen geschlossenen Saunen für Kontaktsuchende waren.

Einzigartig und unvergleichbar ist das Treiben und Leben auf der Castro Street mit ihren vielen Geschäften und Cafes. Seit dem großen »coming out« der Schwulenbewegung in den sechziger Jahren ist die Atmosphäre dieses Stadtteils von dem Wunsch ihrer Einwohner, frei und ohne Heimlichkeit zu leben und zu lieben, geprägt. Doch die überschwengliche Lebensfreude, wie sie sich besonders an »Halloween« und bei der »Castro Street Fair« zeigte, ist inzwischen gedämpfter geworden. Zu groß ist mittlerweile der Schmerz, seitdem ab 1981 die ersten AIDS-Toten zu beklagen sind. Im Jahre 1989 starben durchschnittlich mindestens vier Menschen an AIDS pro Tag in San Francisco. Fast jeder Bewohner kennt wenigstens einen Menschen, der sich mit der Krankheit auseinandersetzen muß.

Die Pfarrei Holy Redeemer hat sich auf die Veränderungen im Viertel eingestellt. Der größte Teil der Gemeindemitglieder besteht aus Homosexuellen. In der Nähe hat eine Schule, die dem katholischen Konvent angehört, wegen der in diesem Viertel selten gewordenen Kinder inzwischen dicht gemacht. Die Nonnen sind ausgezogen, und das Haus wurde inzwischen in ein Hospiz für Sterbende umgewandelt. In der früheren Klosterschule stehen jetzt 15 Betten für AIDS- und Krebskranke, die rund um die Uhr betreut werden.

Die große Bedrohung, die sich zunächst nur gegen die homo- und bisexuellen Bewohner San Franciscos zu richten schien, deren Anteil auf ein Viertel der Bevölkerung geschätzt wird, kam lautlos daher. Im Juni 1981 wurde der erste Fall einer bis dahin bei Erwachsenen unbekannten Lungenentzündung und die erste Kaposidiagnose bei Männern bekannt. Bis Ende des Jahres gab es 26 solcher Diagnosen und bereits neun Todesfälle. Nach der Entdeckung des verursachenden Virus hat man die Krankheit AIDS (aquired immune deficiency syndrom) genannt. Für die gesamte Bevölkerung der Stadt wurde die schleichende tödliche Krankheit eine Aufforderung zu konzentrierter Hilfe. Der Abkürzungsname AIDS steht auch für das englische Wort für Hilfe und Beistand, und in San Francisco wurden alle verfügbaren Kräfte mobilisiert, um die tragische Epidemie zu humanisieren, den Betroffenen beizustehen und ihr Leiden zu erleichtern.

Mögliche Hilfeleistung gibt es für jede Phase der Krankheit; die Einwohner in dieser Stadt suchen immer neue Wege. Inzwischen gibt es mehr als 60 Organisationen in San Francisco, die sich um AIDS-Erkrankte kümmern.

Die AIDS Foundation und der »Bleachman«

Schon im Februar 1982 schlossen sich schwule Anwälte und Ärzte zu einer Gruppe zusammen, aus der die heute größte Organisation entstand: Die »Aids Foundation« mit 60 festen Angestellten, 450 ehrenamtlichen Mitarbeitern und einer Finanzhilfe in Höhe von einer Million Dollar durch die Stadt. Neben dem 24-stündigen Telefondienst, der »hot-line«, und der Lebensmittelverteilung an Bedürftige bestehen die Hauptaufgaben aus Vorbeugemaßnahmen, Informationsverbreitung und Aufklärungsarbeit in den Medien. Sozialarbeiter beraten Erkrankte, schaffen kurzfristige Unterkunft, vermitteln weitere Hilfe. Es gibt Abteilungen für Frauen und Kinder, für Prostituierte und für ethnische Gruppen.

Der Bleachman in San Francisco

Die freiwilligen Helfer der STOP AIDS Kampagne sprachen auf der Straße Männer an und luden sie zu einem Gespräch im kleinen Kreis in eine Privatwohnung ein. Hier konnten sie offen über alles reden und vor allem über die Notwendigkeit von Safer Sex sprechen. Der Erfolg dieser Aktion: die Neuinfektion bei homo- und bisexuellen Männern reduzierte sich auf unter ein Prozent.

Ein besonderer Schwerpunkt der »AIDS Foundation« liegt bei Präventivmaßnahmen für Drogenabhängige. Zunächst stießen die »bleach«-Aktionen bei den Behörden auf Skepsis. Es werden kleine Flaschen mit Haushaltsbleiche verteilt, in denen die Nadel für eine Sekunde kurz desinfiziert und danach unter fließendem Wasser abgespült wird. Die Gefahr der Wiederinfektion wird gebannt. Les Pappas, verantwortlich für die Drogenarbeit der AIDS Foundation, erfand dazu die Figur des »bleachman«.

Er selbst ist zwei Meter groß und zieht in der Kostümierung des legendären Superman mit einer Bleichmittelflasche als Helm durch die Drogenquartiere der Stadt. Er verteilt Bleiche, spricht mit den Junkies, und viele lassen sich gerne sogar mit ihm zusammen fotografieren. Viele kommen auf diesem Weg zur Entziehung. Inzwischen ist der behördliche Widerstand überwunden, und die Idee des Bleachman ist von vielen anderen Großstädten in Nordamerika als Musterbeispiel übernommen worden.

Das weit über die Brücken der Stadt hinaus bekannte »Shanti Projekt« für lebensgefährlich Erkrankte, die hier, so der Name aus dem Sanskrit, einen »inneren Frieden« finden können, existiert bereits seit den siebziger Jahren. Das Projekt war daher für AIDS-Erkrankte prädestiniert und steht allen HIV-Infizierten offen. Circa 575 Freiwillige und 57 Angestellte stehen als »buddies« für emotionale Unterstützung und als praktische Helfer zur Verfügung. Für diejenigen, die nicht mehr arbeitsfähig sind, aber noch ambulant behandelt werden können, werden Gruppenabende, Meditationen, Ausflüge und Museumsbesuche veranstaltet. Hinzu kommt das Anmieten von Häusern, um Wohngemeinschaften für die AIDS-Patienten einzurichten.

Hospice San Francisco

In enger Zusammenarbeit mit Shanti, der AIDS Foundation, Ärzten und Krankenhäusern betreut diese Organisation Kranke, die in ihrer eigenen Umgebung sterben möchten. Das Besondere des »traditionellen« Hospizes, das in England entstand und 1979 den Weg in die Vereinigten Staaten fand, liegt in einer intensiven und humanen Betreuung der Kranken. So wurden 1987 in den 1679 Hospizprogrammen der USA über 170 000 Menschen betreut. In San Francisco gibt es unter anderem das »Coming Home Hospice« des Holy Redeemer, ein Sterbehaus, in dem Schwerstkranke betreut werden, deren 24-stündige Versorgung zu Hause nicht mehr gewährleistet ist.

Als 1982/83 immer mehr AIDS-Kranke den Wunsch hatten, in ihren eigenen vier Wänden zu sterben, wurde das »AIDS-Programm San Francisco« gegründet. Sämtliche Mitarbeiter, auch die professionellen Krankenpfleger, meldeten sich freiwillig. Alles zur Erleichterung der häuslichen Pflege, wie Krankenhausbett, Bade- und Nachtstuhl, wird zur Verfügung gestellt. Die Krankenpfleger kommen am Anfang mindestens einmal wöchentlich, später so oft wie nötig. Sie halten die Verbindung zu dem behandelnden Arzt und stimmen die Medikamente ab. Die Sozialarbeiter klären Versicherungsfragen und beantragen staatliche Fürsorge. Durch die Krankheit verlieren viele ihren Arbeitsplatz und ihre meist ohnehin limitierte Krankenversicherung, da sie nicht mehr in der Lage sind, die Beiträge zu entrichten. Eventuelle Ersparnisse sind rasch aufgebraucht, und der Patient steht außer der Konfrontation mit dem Tod auch vor finanziellem Ruin.

Probleme und Fragen gibt es genug: Werden lebensverlängernde Maßnahmen gewünscht, soll der Kontakt zu Eltern und Geschwistern hergestellt werden? Die Freiwilligen, die »volunteers«, betreuen hier nicht nur den Kranken, sondern auch seine Freunde und Verwandte. Ihnen wird in eigens dafür eingerichteten Gruppen eine Trauerhilfe während des Leidensweges angeboten – auch über den Tod des Angehörigen hinaus.

Wichtig ist, jeden Erkrankten vorurteilsfrei anzunehmen und ihm einen schmerzfreien und würdigen Tod zu ermöglichen. Keiner hat das Recht zu urteilen oder zu verurteilen. Über Humanität und christliches Verhalten wird hier nicht geredet, sondern die Begriffe werden in die Tat umgesetzt. Dazu gibt der Umgang mit den jungen Menschen, die im Durchschnitt mit 39 Jahren sterben müssen, reichlich Gelegenheit. Es gilt, ein Vertrauensverhältnis aufzubauen und das Auf und Ab der Stimmungen so hinzunehmen, wie auch das Krankheitsbild ständigen Schwankungen unterworfen ist. Für viele ist es schwer, sich mit der eigenen Hilflosigkeit und der Abhängigkeit von anderen abzufinden. Viel Einfühlungsvermögen gehört dazu, und meist entsteht eine ganz persönliche Beziehung zwischen Patient und Helfern. Desto schwerer wird es, letztendlich dem Tod hilflos gegenüberzustehen. Andererseits geben wenige Worte und Vertrauensbeweise wieder Stärke und Mut. Oftmals erfährt der Pflegende so viel über den Kranken, daß er weiß, wieso der Kranke nicht loslassen und sterben kann. Etwas ist unerledigt; nicht selten schlafen sie dann friedlich ein, wenn diese letzte Hürde genommen ist.

Die Kosten für das AIDS-Programm des Hospiz trägt zu 43,6 Prozent die Stadt, über 40 Prozent hofft man von den Krankenversicherungen zu bekommen, und der Rest, zur Zeit 400 000 Dollar, wird durch Spenden aufgebracht.

Open Hands

Ohne die namenlose Hilfe, ohne unentgeltlich arbeitende Friseure, Masseure und Rechtsanwälte, ohne Organisationen wie den »Emergency Fund« und »Open Hands« wäre der Alltag und das Leben mit AIDS in San Francisco heute nicht mehr vorstellbar. Die Großküche der »Open Hands« versorgt täglich 500 AIDS-Kranke mit einer warmen Mahlzeit. Im Ambassador, einem Obdachlosenhotel, wartet Steve auf die von Freiwilligen verteilte Gratiskost. Er war Buchhalter gewesen, und als die Kräfte immer mehr nachließen, verlor er auch seine Halbtagsstelle. Bis zum nächsten Supermarkt schafft er es nicht mehr. Er hat weder Angehörige noch Freunde. Deshalb ist für ihn der Höhepunkt des Tages, wenn hier das Essen verteilt wird und er mit anderen reden kann. »Ich wüßte nicht, was ich sonst tun würde«, sagt er.

Die »Godfathers« sind ein Zusammenschluß mehrerer Restaurants und Gay-Bars. Sie übernehmen Patenschaften und schicken Pakete ins Krankenhaus.

Kleine Selbsthilfegruppen entstehen oft im Haus von »Family Link«, das den Besuchern von außerhalb die Möglichkeit gibt, preiswert in San Francisco und in angemessenem Rahmen zu wohnen. In diesem gastfreundlichen Haus treffen sich Eltern, die ihre Kinder im Krankenhaus besuchen. Manchmal erfahren sie erst hier, was sie vorher nicht wußten, nämlich daß ihr Sohn homosexuell und tödlich krank ist. Eltern helfen hier Eltern.

Und auch an die Haustiere der AIDS-Erkrankten wird gedacht. »PAWS, PAWS« (Pfoten, oder auch:

»Pets are wonderful support«) kümmert sich um die geliebte Katze oder den Hund, sie dürfen ihre Herrchen im Krankenhaus oder Hospiz besuchen.

Europäern mag die überwältigende Selbsthilfe, der Einsatz von Freiwilligen, wie auch die Bereitschaft zum Spenden verwundern. Doch in den USA ist das durchaus üblich, denn dort ist der Staat durch Sozialhilfe kaum präsentiert, was Vor- und Nachteile hat. So gibt es keine durch die Stadt subventionierten Opernhäuser oder Theater, sie werden durch private Spenden ermöglicht. Mit Ausnahme der städtischen werden die Krankenhäuser wie Wirtschaftsunternehmen geführt, und auch sie sind abhängig von Stiftungen und Spenden, die steuerlich absetzbar sind. Das »volunteer«-Prinzip ist eine typisch amerikanische Tradition, die auf die Pionierzeit zurückgeht. Ohne die gegenseitige Hilfe und Mitarbeit wäre das soziale Netz noch weitmaschiger.

Seit 1982 engagieren sich die Bewohner San Franciscos dafür, den Umgang mit der Krankheit AIDS zu humanisieren. Verständlich ist, daß ein »burn out« unvermeidlich war. Das Pflegepersonal im städtischen Krankenhaus auf der Station 5 A mußte ausgetauscht werden, wie zum Beispiel auch in der von Anfang an außerordentlich wichtigen Ambulanz »Ward 86«. Auch Freiwillige steigen immer wieder aus. Ärzte, die ausgebildet wurden, um zu heilen, und nun immer wieder aufs neue den Tod sehen, lassen sich versetzen. Führende Leute in den AIDS-Hilfe-Organisationen sind vom immerwährenden Kampf um dringend benötigte Geldmittel müde geworden.

Für die Beratung und Betreuung derjenigen, die im Kampf gegen AIDS stehen, hat ein katholischer Priester das K.A.I.R.O.S. Haus gegründet. Er geht mit seinem Team auch in die Krankenhäuser und Hospize und berät Personal und Ärzte. Bisher wurden die durch »burn out« entstehenden Lücken immer wieder ausgefüllt. Der Einsatz der Kirchenvertreter aller Glaubensrichtungen

ist beispielhaft. Zum ersten Mal in der Welt fand 1987 die »Interfaith Conference on AIDS and ARC« statt, bei dem neben Episcopalen, Lutheranern und Katholiken auch Juden, Moslems, Unitarier, Hindus, Buddhisten und Taoisten präsent waren. Die Stadtverwaltung, der Stadtrat und der Bürgermeister hatten von Anfang an ein offenes Ohr für die Situation. Das Budget sieht mehr als 43 Millionen Dollar für die AIDS-Hilfe vor. Benefizveranstaltungen müssen die Fehlbeträge für die Hilfsorganisationen einbringen. Mit der ständig steigenden Zahl der Kranken, nachdem nun zehn Jahre Inkubationszeit verstrichen sind, werden immer mehr Geldmittel und Menschen erforderlich. Firmen, Restaurants und Banken, insbesondere Levi Strauss, Esprit, Chevron, Pacific Bell und die Bank of America leisten wesentliche materielle Beiträge. Auch kommen viele Kranke aus anderen Teilen der Staaten nach San Francisco, weil sie nirgendwo anders diese Zuwendung finden können.

Daß San Francisco den humanen Umgang mit der Epidemie AIDS in dem toleranten Zusammenhalt seiner Bewohner gefunden hat, das macht die Stadt zum Modell für andere. Die Bewohner sind informiert, vorbereitet und verdrängen nicht.

Schon seit Generationen leben sie auf unsicherem Boden, der hier dicht am St. Andreas Graben öfters ins Schwanken gerät als anderswo. Sie nehmen die latente Gefahr eines Bebens, die mit dem Leben in dieser Stadt verbunden ist, bewußt in Kauf. Wie schnell aus der Traumstadt ein Alptraum werden kann, zeigte erst wieder das Erdbeben vom 17. Oktober 1989. Doch durch die vielen Präventivmaßnahmen wurde das Schlimmste verhindert.

Auch AIDS wurde eine Herausforderung für San Francisco, der sich die Bewohner gestellt haben. Ihre Toleranz bleibt ungebrochen. Sie haben gelernt zu handeln, und sie zeigen, wie man mit AIDS lebt.

Alfred Kerr

Salt Lake City

Alfred Kerr rezensiert die Mormonenstadt

Über die Mormonen ist Falsches in Europa verbreitet. Ich will ein wahres Bild ihres heutigen Zustands geben – und ihres früheren. Einen Begriff ihrer ulkigen... und ihrer ernsten Seite. Stifter des Glaubens ist Joseph Smith, Prophet, der 1844, neununddreißig Jahr' alt, mittels Märtyrertodes verschied. (Handlungen besonderer Art brachten Joe ins Gefängnis; die Bevölkerung drang unbekehrt ein und erschoß ihn.) Gewaltsamer Tod mußte für Smith-Joseph, wenn er schon die Laufbahn eines Apostels ergriff, aus Gründen der Berufsehre willkommen sein. Ich sah sein Standbild, sonnbelichtet, im »Temple Block« – er hat Züge der Genugtuung.

Ein Engel namens Moroni war von Gott öfters zu ihm gewandert. Der Vater des Engels Moroni hieß Mormon. Dessen Vater hieß auch Mormon. Smith erfuhr durch Engel Moroni das Vorhandensein eines goldnen Buches mit Metalltafeln. (Bei Manchester, im heutigen Staate New York.)

Der Prophet, obzwar er schreiben nicht gelernt, fand, wie er kundtat, das vom Engel Moroni bezeichnete Metall-Exposé – und ersah daraus alles Nötige.

Dort waren Amerikas Indianer als Nachkommen der verlorenen zehn Stämme Israels ermittelt. Apostel Smith stellte dies öffentlich fest.

Freilich schien das Buch in einer unverständlichen Sprache von Gott verfaßt.

Gott wünschte, Smith gegenüber, die Übertragung seines Werkes. (Anscheinend ohne Vorbehalt wegen des Übersetzungsrechts.)

So geschah es. Die Übersetzung ist »The Book of Mormon«, die heut' gültige Bibel der Mormonen (neben der andren).

Ich kaufte mir das Buch Mormon; für einen Dollar.

Die Erklärung von Zeugen ist am Eingang abgedruckt.

Sie bestärken die Aussage durch feierliche Berufung auf Jesus Christus und Gott Vater. Sie haben gesehn, wie der Engel die Tafeln herniederbrachte. Durch Gottes Stimme hörten sie auch, daß er die Übersetzung wünsche.

Ein billigdenkender Mensch darf die Echtheit dieser Wunder nicht bezweifeln, da sie ebenso bezeugt sind wie andre Wunder.

In dem »Book of Mormon« und in den dreizehn mormonischen articles of faith ist festgestellt, daß der Aufbau Zions in Amerika erfolgen wird (upon this continent).

Unabhängig von Moses tritt ein gewisser Mosiah in der dem seligen Smith offenbarten Mormonenbibel auf. Mosiah ist König von »Zarahemla«. Sein Vater, König Benjamin von Zarahemla, hat drei Söhne mit auffallenden Namen: Mosiah, Helorum und Helaman.

Fernere Personen des Metallbuches werden folgendermaßen benannt: Abinadi, Gidgiddoni, Teancum, Gadianton (Vorläufer von Anton?), Moranton (wieder). Auch kurzweg Shiz (!). Endlich Coriantumr. (Gewiß ein Nachkomme von Manoligarbati).

In der Mormonenbibel wird Keuschheit, chastity, als gottgefällig verlangt. Mit einer genauen Umgrenzung: weibliche Keuschheit. Chastity of woman.

Diese war bei der mormonischen Polygamie, wo nur ein Mann auf mehrere Frauen kam, vielleicht nötig.

... Aber die Polygamie ist heut' zu Ende (wie das Opium in San Francisco). Nie kehrst du wieder, goldne Zeit, so froh und ungebunden.

Nichts erinnert an die vergangene, festliche Weltanschauung– die sich etwa so zusammenfassen ließe:

Jedweder bess're Mensch benahm
Sich, wo er konnte, polygam.

Das Mormonenvölkchen ist zur Monogamie entartet (würde nun ein Wüstling einflechten).

Das Regierungsverbot macht strengen Schluß mit der freundlichen, den Bewohnern liebgewordenen Sitte.

Brigham Young, der Nachfolger des seligen Smith, hatte die Mehrweiberei begonnen – als er Priesterkönig war.

Erst kurz vor seinem (späten) Tod kam sie ab... was ihm zu dieser Zeit nichts mehr ausmachte.

Der Kirchenfürst hatte wohl vierzig Frauen hinter sich – und starb hochbefriedigt.

Aber... derselbe Brigham Young war Gründer von Salt Lake City, Hauptstadt im Land Utah. Ein Besiedler ersten Ranges. Vater der künstlichen Bewässerung... Das ist die andre Seite der mormonischen Wurst.

Von dem Hahn so vieler Hennen bleibt völlig zu scheiden: der große Pionier.

Ich sehe den Mann. Glaser von Beruf. Genialer Landwirt zugleich. Offenbar glänzend als Einteiler, Anordner, Herrichter, Befeurer, Führer.

Schlicht-mächtiges Haupt einer Gottes-Demokratie... in der Wildnis. Standhafter Fels in einer Legion von Gattinnen, Schwiegervätern, Schwiegermüttern. Wegweiser für Myriaden von Töchtern. Präsident erst eines Wanderschwarms – dann eines Staates.

Hier hängt sein Bild... Ich seh es an. Ein breiter

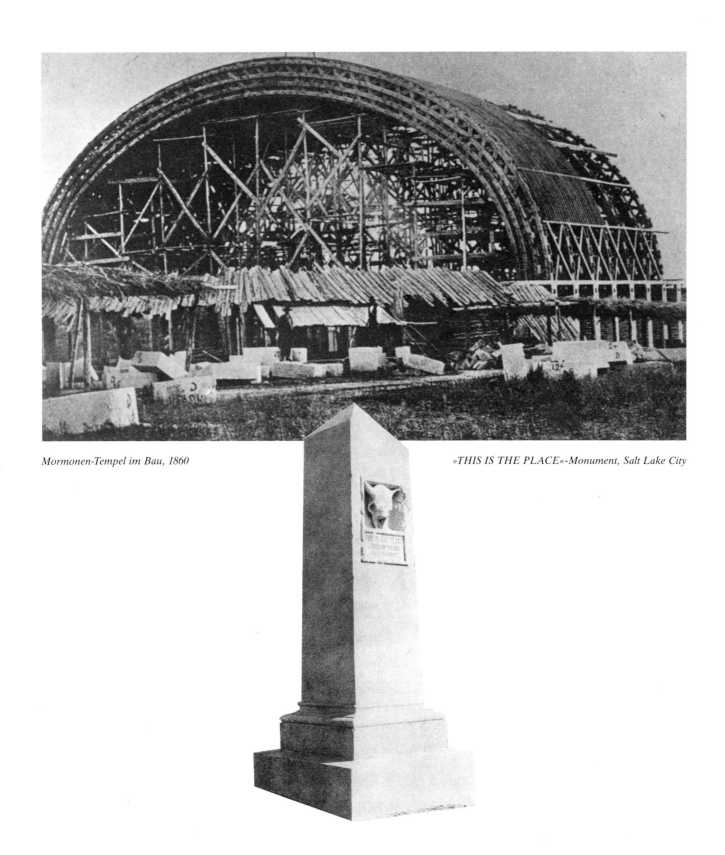

Mormonen-Tempel im Bau, 1860 *»THIS IS THE PLACE«-Monument, Salt Lake City*

Mensch mit Schifferbart und arbeitsernsten, zerdachten Zügen; im schwarzen Rock. Häßlich war er nicht.

1877 schied Brigham Young in den Himmel – wie seinerzeit Gadianton, Shiz, Abinadi, Gidgiddoni und Mortadella-salami.

Ein Enkel Youngs ist heut' in Salt Lake City Bildhauer. Einer im Warenhaus tätig. (Aber was bedeuten, bei seiner Produktion, zwei Stück.)

Mormonenstaat Utah

Die Mormonenbibel scheint im Kern ein Siedlungsroman. Die Geschichte von Auswanderern, die schon zu Jeremiae Zeit, verstehst du, aus Jerusalem nach Amerika gelangten.

Dadurch wohl angeregt, ging die Mormonenschaft aus Illinois weg – und schuf in den Rocky Mountains die neue Siedlung: am Salzsee.

Im Zeltwagen (»Prairie Schooner« genannt) machten sie den langen, gefährlichen Exodus, von Indianern bedrängt. Sie pflanzten ihr erstes camp dorthin, wo heut' in Salt Lake City das Geschäft von Auerbach ist.

Am Denkmal Brigham Youngs liest man alle Namen »der Pioniere, die am 24. Juli 1847 angelangt sind«. (Kein Deutscher dabei. Der eine heißt Barnum.)

Ihr ganzer Zug, so steht am Sockel, »bestand aus 143 Männern, drei (!) Frauen, zwei Kindern«, so daß Vielweiberei damals schwer gewesen sein muß. (Erst später wurde sie zur Tat.)

In der Felswüste wuchs bei der Ankunft ein einziger Baum – (sagt mir ergriffen der Kutscher-Mormone).

Doch sie pflügten, säten, bewässerten, darbten, schwitzten, bauten. Schwarze Schwärme von Heuschrecken fielen ein – da kamen weiße Möwen und fraßen die Hupfer. (Zur Erinnerung ist im Tempelblock den Möwen ein Denkmal erbaut; the Sea Gull Monument).

Nächstes Ziel wurde: Bahnbau; Bibliothek, Universität. Fünf Jahre nach der Ankunft haben sie dort Werke von Plato, Sophokles, Cicero, Newton, den »Kosmos« von Humboldt. Ein damaliger Katalog nennt außer Shakespeare, Corneille, Racine, Molière, »the Faust of Goethe and the plays of Schiller«. Wackre Mormonen!

Ihr Wappen heißt »deseret«, also: fleißige Biene. Der Bienenfleiß Brigham Youngs schafft 1866 (fest haltet's Euch!) das erste Warenhaus in Amerika: »Zion's Cooperative Mercantile Institution«.

Ich war drin. Ansehnlicher Stil. Es hat einen Kredit wie die Bank von England – sagen statt jeden Lobs die Mormonen.

Überall in Utah sieht man die starke mormonische Leistung. Ihren Glauben zu verspotten ist kein Grund. Er war halt ein Glaube wie andre.

Feigheit, just sie zu rempeln. Warum? Etwa, weil es nur fünfhunderttausend in der Welt gibt? Kommt es denn auf die Zahl an? (Doch! Es kommt auf die Zahl an . . .)

Die Tat ist's, die mit ihrem Aberglauben versöhnt. Der Aberglaube ist's, der sie zur Tat stärkte.

Denn Glaube oder Aberglaube heißt: Gegenteil von Skepsis; darum Vorstufe zum eindringlichen Draufloshandeln.

Aber – es gibt auch Optimismus ohne mythologische Begleitung . . .

Wie liegt der Fall? – Mormonischer Aberglaube hat Städte gebaut, Staaten gegründet. Gewiß. Doch andre haben, ohne Aberglauben, größere Staaten gegründet, größere Städte gebaut . . .

(So der Kernpunkt.)

Hübsche Mädel gehen heute durch Salt Lake City. Die Deseret Bank ist (neben der Walker Bank) höchster Wolkenkratzer dort. Oder: die Zion's Saving Bank. Unweit: Hirschmann's Warenhaus. (Hirschmann ist kein Mormone.)

Riesenbau der National Copper Bank. Kupfer wurde Trumpf. In den Straßen (heiter, licht, hoffnungsvoll, amerikanisch) sind blitzblanke Geschäfte – für die Achtelmillion Bürger. Die Oberstadt reich, frisch, grün. High schools; Universität.

Berge gucken in die Fenster wie zu Innsbruck. Fünfundsiebzig immer rinnende Trinkbrunnen. Allerheutigstes mit letzten Errungenschaften.

Das Großgewerb' ist blühend. Es zeitigt Schuhe, Konfektion, Zigarren. Nah sind Bergwerke, womit money zu machen ist. Man mutet Silber; verdient am Zink; will vom Kupferberg Gold holen.

Die Mormonen sind nicht mehr allein – aber sie kontrollieren alles: Warenhäuser, Minen, Bank. (In der Stadt machen sie mehr als fünfzig von Hundert aus; im Staat bis neunzig). Den Zehnten entrichten sie nicht in Korn, wie noch unlängst, sondern in bar.

Einzelheit zur Seelenkenntnis: In dem lockenden Mormonengau sind heut' einundvierzig verschiedengläubige, nichtmormonische Kirchen. Die Mehrzahl davon katholisch.

Ich verstand in Salt Lake City, weshalb Brigham Young einst gerufen hatte: »Das ist der Platz!«-this is the place.

Biblisch grandiose Landschaft. Wunderbare Hochwelt, Felsgebirge. Die schneeigen Gipfel ganz nah.

Und eine Ausnahmenatur: der Salzsee (zehnmal so groß wie der Genfer See). Schöpft man vier Kübel, so gibt es drei Kübel Wasser und einen Kübel Salz.

Das Wasser trägt, wie das im Toten Meer: Untersinken kann der Mensch nicht.

Morgenberge, bläulich, und rötliche Felsen am Salzsee. Ich sah dies alles zuerst in der frühen Frische.

Das Wasser kommt rein von den Höhen. Die Schneespalten dort gehn drei Stockwerke tief.

Doch unter viertausend Meter hohen Gipfeln leuchtet's grünbuschig. Im Sonnenreichtum.

Innsbruck ist matt gegen die großgeartete Welt der mormonischen Siedlung.

Ich fuhr im Automobil hinaus. Bis zum Fort. Militärgefangene (Mittelarrest?) besprengen Golfplätze.

Der Kutschmann sagt mir wichtig: »Kommandant ist hier der berühmte Kapitän Mac Alexander – mit dem Beinamen: the rock of the Marne.«

Fels an der Marne? Danke sehr.

Schützengräben sind noch da, zur Übung . . . aus dem an der Marne verlorenen Krieg.

Die Stadt am Salzsee wirkt somit heute durchaus weltlich . . . nur der Tempelblock nicht: mit sechs granitenen Spitztürmen auf dem in Bergluft ragenden Bau – samt einem kupfernen Engel Moroni darüber.

Der Tempel in Salt Lake City

Erica Jong

House Hunting in America

Hausboote in Sausalito: Inseln für Individualisten

Wir haben in dir, Amerika, eine Bleibe gesucht,
wir haben dich gespalten & sind kreuz & quer
von deinen purpurnen Küsten
bis zu deinen nichtgreifenden rutschfesten
Motelbadezimmern gereist,
von den Spielkasinos in Reno
zu den kristallklaren Ufern von Lake Tahoe,
von der Riesenente in Southampton
(die in Wirklichkeit ein Eierladen ist)
bis zum Riesen-Hot-Dog in L.A.
(der in Wirklichkeit eine Würstchenbude ist)
bis zur Riesenartischocke in Castroville, Kalifornien,
im Herzen des Artischockenlandes,
& trotzdem haben wir in diesem Jahr 1976
keine Bleibe.

Amerika,
wir haben deine Makler kennengelernt.
Es sind Damen um die fünfzig mit Haarnetzen,
oder Damen um die fünfzig mit blau- & silbergetöntem
Haar wie Nerzmäntel
oder flirtende Damen um die fünfzig
die jeden Winter blonder werden.
Sie loben deine bundesstaatliche Ziegelarchitektur
& deine zufällig handgedübelten Bohlen.
Wie Hexen werben sie für deine Knusperhäuschen,
deine »Hochranchen«, deine Maisonetten,
deine Viktorianischen Häuser, deine Balkons,
deine Walfangstationen
statt deiner Leidensstationen,
deinen neuenglischen Yankeemut,

123

deine Gastfreundschaft, deine Steuersätze,
deine Schulsysteme,
mit oder ohne Schulbusse,
deine freundlichen Hunde
& philosophischen Katzen.

Amerika,
wir sind durch deine Schluchten gefahren über Pässe,
ausgetrocknete Flüsse, vorbei an deinen überschwemmten Steinbrüchen,
durch deine ausgewaschenen Wasserläufe.
Wir haben UFOs am Strand von Malibu gesehen
& sind von Pool zu Pool geschwommen
wie Cheevers Held
& haben uns in Motels begehrt wie Updike-Christen.

Amerika,
die offene Straße schließt sich,
eine Mautstation versperrt den Blick
& selbst die Klos
werden mit Münzen und nicht nur mit Scheiße betrieben.
Die gebratenen Muscheln von Cape Cod
bestehen aus gepreßten Muschelresten.
Der kalifornische Karottenkuchen soll
in Wahrheit aus Soja gemacht sein.

Die träumenden Türme von Gotham
versinken im Müll,
das Fundament wird weich,
die Gebäude haben Schlagseite wie Betrunkene,
den Erntedankfestballons ist die Luft ausgegangen,
die Christbäume geben nicht einmal vor, sie seien grün.

Aber wir lieben dich doch, Amerika,
& wir werden weitersuchen.
Das Traumhaus, das uns vorschwebt, ist gleich nebenan.
Die Schweiz ist ein Himmel voll Konfekt
& Steuervergünstigungen.
Barbados ist süß & schwarz & steuerfrei.
Antigua ist Britannien-an-der-See.

Aber wir bleiben hier, Amerika,
bis zum nächsten Erdbeben,
wir küssen den Boden
für den kommenden Vierten Juli.
Wir lieben dich, Amerika,
& wir werden weitersuchen.

Irgendwo wartet ein Traumhaus auf uns
mit blühenden Kirschbäumen
& einem ZU-VERKAUFEN-Schild,
mit Aussichtsfenstern auf den Pacific
& Giebelfenstern auf den Atlantic,
mit Kokospalmen & flammendem Ahorn,
mit Wanderdünen
& Cañons voll leuchtendem Senfgras,
mit Hasen und Klapperschlangen & ungiftigen Skorpionen,
mit Waschbären, die im Abfall stöbern
& sanftmütigen äsenden Rehen, die an den Salzlecken
schlürfen
& Fasanen, die im Two-Step über den Rasen hopsen,
mit ergebenen Hunden & kühlen, philosophischen Katzen,

mit geheiztem Schwimmbecken & Sauna
& einem erdbebensicheren Massageduschbad,
mit teppichbelegtem Autostellplatz & Badezimmern
& Installationen so perfekt daß sie summen,
mit Nachbarn, die uns biologischen Zucker borgen
& Briefboten, die oft Botinnen sind,
mit riesigen Supermärkten,
wo man Weine und Kniestrümpfe kaufen kann,
Mangos, Papajas & Hundefutter in fünfzig Geschmacksrichtungen,
und nahen Kinos, die Bergman und Fellini
in der Originalfassung spielen,
mit ortsansässigen Symphonieorchestern
an der nächsten Straßenecke,
aber ohne Rock-Stars nebenan.

Wir wissen, eines Tages werden wir dich finden
und wenn nicht in diesem Leben, Amerika
dann im nächsten
wenn nicht in diesem Sonnensystem,
dann in einem anderen.
Wir haben gepackt, Amerika.
Wir haben unsere Gangster von Möbelleuten angerufen,
die immer alles kaputtmachen & in bar bezahlt werden wollen,
wir haben die Anzahlungssumme bereit.
Wir gieren nach einer dicken fetten Hypothek.
Wir haben unsere Stadtwurzeln herausgezogen
& wir haben unsere Bücher, unser Banjo & unseren Hund
in einen knallroten Zigeunerwagen gepackt,
der wenig Benzin verbraucht.

Nun brauchen wir nur noch das Haus,
nun brauchen wir nur noch die Eintragung.
Wir sind bereit umzuziehen, Amerika,
wir wissen nur noch nicht
wohin.

Autoren- und Fotografenverzeichnis

Axel Arens (1939–1986), war Rennfahrer, Fotograf, Essayist und zuletzt freier Autor beim FAZ-Magazin und bei der Zeitschrift Transatlantik. 1986 wurde er mit dem Kisch-Preis ausgezeichnet.

Till Bartels (1956) ist gelernter Buchhändler und studierte Literaturwissenschaft und Ethnologie. Er fotografiert und schreibt für Zeitungen und Zeitschriften und hat mehrere Bücher über die USA herausgegeben, u. a. »New York City und die Ostküste« (Elefanten Press).

Bruce Barthol ist Musiker, Komponist und Liedertexter. Einst Bassist bei »Country Joe McDonald and the Fish« ist er seit einigen Jahren für die musikalische Gestaltung und die Songtexte der San Francisco Mime Troupe verantwortlich.

Robert Brinkmann (Braunschweig 1961) ist Mitinhaber einer Filmproduktionsfirma in Hollywood. Er studierte Film in Los Angeles und ist der »Director of Photography« von Spielfilmen, Werbefilmen und Musikvideos.

Michael Bry (Breslau 1924), Kindheit in Deutschland und ab 1938 in Chile. Von 1954 bis 1986 freier Fotograf in Kalifornien. Er lebt nach einem Zwischenaufenthalt in Mexico jetzt in Bayern. Viele Veröffentlichungen in Büchern und Zeitschriften.

Charles Bukowski (Andernach 1920) kam im Alter von zwei Jahren in die USA; er war 16 Jahre Gelegenheitsarbeiter, drei Jahre Briefträger und elf Jahre lang Postsortierer. Mit 35 begann er zu schreiben. Heute lebt er als freier Autor von Lyrik und Prosa in San Pedro, Los Angeles.

Gerd Burger ist Soziologe und Amerikanist. Er arbeitet als Übersetzer und ist Dozent für amerikanische Literatur in Berlin.

Edward Sheriff Curtis (1868–1952), Fotograf aus Wisconsin. Ab der Jahrhundertwende fotografierte er systematisch die vom Austerben bedrohten Indianer Nordamerikas und belichtete 40000 Glasnegative.

Umberto Eco (Alessandria/Piemont 1932) veröffentlichte zahlreiche Schriften zur Theorie und Praxis der Zeichen, über Literatur Kunst und die Ästhetik des Mittelalters. Er lehrt Semiotik an der Universität von Bologna.

Sibylla Herbrich (München 1962) studierte Fotojournalismus an der San Francisco State University. Zahlreiche Veröffentlichungen und Ausstellungen. 1988 erhielt sie die »Leica Medal of Excellence«.

Barbara Jentzsch lebt seit 1974 als freie Journalistin in Washington D. C. Sie arbeitet als Gewerkschaftskorrespondentin und Funkautorin.

Erica Jong (New York City 1942) wurde mit ihrem Buch »Fear of Flying« bekannt; sie schreibt u. a. Gedichte, die sie in den USA in drei Bänden veröffentlicht hat.

Alfred Kerr (1867–1948) war Theaterkritiker erst beim »Tag« in Berlin, später beim »Berliner Tageblatt«. 1933 Emigration über die Schweiz und Paris nach London. Zu seinem Werk gehören auch mehrere Reisebücher.

David Herbert Lawrence (1885–1930), englischer Schriftsteller, Essayist und Lyriker, der seinem Heimatland aufgrund der Zensur seiner Romane den Rücken kehrte. Lange Aufenthalte in Südeuropa, Australien und von 1922–25 in New Mexico.

Annemarie Madison war persönliche Referentin im Ministerium für Wirtschaft und Verkehr von Nordrhein-Westfalen. Seit 1979 lebt sie in San Francisco und ist ehrenamtlich im »AIDS Home Health Care« tätig. Mehrere Vortragsreisen im deutschsprachigen Raum zum Thema AIDS.

Mark Twain (1835–1910), eigentlich Samuel Longhorne Clemens, wuchs in Hannibal/Missouri auf, war Drucker, Lotse auf dem Mississippi und Journalist. 1876 wurde er mit seinem Buch »The Adventures of Tom Sawyer« weltberühmt.

T. C. McLuhan wurde in Toronto geboren. Sie lebt und arbeitet als Soziologin in den USA.

Henry Miller (1891–1980) wuchs in den Straßen Brooklyns auf. Er war der Außenseiter der Amerikanischen Literatur. Er gehörte neun Jahre lang dem Pariser Kreis der »American Exiles« an und lebte später in Big Sur, Kalifornien.

John Muir (1838–1914) wurde in Schottland geboren und lebte als Botaniker, Geologe und Schriftsteller im amerikanischen Westen. Durch seinen Einsatz als Naturschützer wurden viele Berg- und Waldregionen Kaliforniens zu Nationalparks erklärt.

Susanne Raubold (1959) lebt, abgesehen von ausgedehnten Reisen durch Europa und die USA, in Berlin. Sie arbeitet dort als Rezensentin für den Rundfunk und als Theaterkritikerin für die TAZ.

Stefan Schomann (1962), Autor und Journalist, lebt in Berlin. Er schreibt Reportagen, Hörspiele und Drehbücher.

Matthias Schossig (Meuselwitz 1954) lebt als freier Schriftsteller, Übersetzer und Art-Consultant in Rough and Ready, California.

Oliver Schubbe (Stuttgart 1962) studierte Psychologie und Familientherapie. Er praktiziert als selbständiger Mitarbeiter einer ganzheitlich orientierten Klinik in San Diego, Kalifornien.

Michael Schulte (München 1941) lebt nach mehrjährigem USA-Aufenthalt in Hamburg. Er veröffentlichte zahlreiche Romane und Erzählungen, u. a. »Führerscheinprüfung in New Mexiko«, »Sabine Hubers Glück und Elend. Ein Südpolroman«.

John Steinbeck (1902–1968) wurde in Salinas, Kalifornien, geboren. Biologiestudium an der Stanford Universität, später Nachtwächter, Maurer, Fischer und Obstpflücker. 1939 erschien sein Roman »The Grapes of Wrath«, Nobelpreis für Literatur 1962.

John Updike (Shillington 1932) amerikanischer Schriftsteller aus Pennsylvania. Er studierte in Harvard, arbeitete für die Zeitschrift »New Yorker« und schreibt satirische Romane und Erzählungen über die amerikanische Mittelklasse.

Claus P. Wagener (1956) ist Diplom-Kaufmann und studiert jetzt Theologie in Berlin (West).

Stefan Zweig (1881–1942) lebte als freier Schriftsteller meist in Wien. Er schrieb psychoanalytisch orientierte Novellen, kulturhistorische Biografien und Essays zur Geschichte. 1938 Flucht nach England und über New York 1941 nach Brasilien.